非遗传承人口述史

——以访谈广西7位女性技艺传承人为例

杨小君 黄兰红 ◎编著

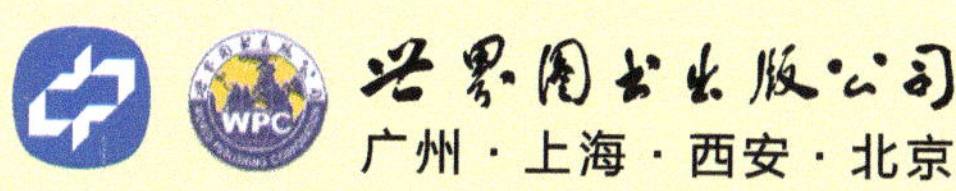

世界图书出版公司
广州 · 上海 · 西安 · 北京

图书在版编目（CIP）数据

非遗传承人口述史：以访谈广西7位女性技艺传承人为例 / 杨小君，黄兰红编著. —广州：世界图书出版广东有限公司，2022.12

ISBN 978-7-5192-9999-6

Ⅰ. ①非… Ⅱ. ①杨… ②黄… Ⅲ. ①非物质文化遗产—介绍—广西 Ⅳ. ①G127.67

中国版本图书馆CIP数据核字（2022）第255689号

书　　名	非遗传承人口述史——以访谈广西7位女性技艺传承人为例 FEIYI CHUANCHENGREN KOUSHU SHI—YI FANGTAN GUANGXI 7 WEI NÜXING JIYI CHUANCHENGREN WEI LI
编 著 者	杨小君　黄兰红
责任编辑	刘　旭　冯彦庄
装帧设计	几　瓦
责任技编	刘上锦
出版发行	世界图书出版有限公司　世界图书出版广东有限公司
地　　址	广州市海珠区新港西路大江冲25号
邮　　编	510300
电　　话	（020）84460408
网　　址	http://www.gdst.com.cn/
邮　　箱	wpc_gdst@163.com
经　　销	新华书店
印　　刷	广东虎彩云印刷有限公司
开　　本	880 mm × 1 230 mm　1/16
印　　张	14
字　　数	350千字
版　　次	2022年12月第1版　　2022年12月第1次印刷
国际书号	ISBN 978-7-5192-9999-6
定　　价	88.00元

咨询、投稿：（020）84460408　451765832@qq.com

广西民族大学作为广西两所高校之一，从2016年开始，承办了文化和旅游部、教育部、人力资源和社会保障部中国非物质文化遗产（简称“非遗”）传承人群研修研习培训计划的18期广西非遗传承人群培训班。我们有幸参与了相关的管理工作，看到许多非遗传承人在自己平凡而又伟大的技艺传承中日复一日、年复一年地坚持着，甚是让人为之动容。在研习培训工作中，我们主要负责刺绣、编织、织锦、民族服饰等技艺方面的培训管理，因此，接触到的多是女性非遗传承人群体。我们在与她们朝夕相处的一个月培训中，感受到了她们的乐观、坚毅与温柔，因此萌生了想要深入了解她们的想法，了解她们的文化、她们的技艺、她们的学艺经历、她们的创业过程……为此我们申请了广西民族大学民族学一流学科课题并获立项，开始了对广西女性非遗传承人的口述史研究。

我们研究团队有幸对李村灵老师、谭素娟老师、李伊园老师、李素芳老师、唐巧英老师、樊文英老师、梁小哲老师等7位优秀的非遗传承人进行采访，走入她们的生活空间，了解她们的从艺经历、创业故事和民族文化传承中的坎坷与收获。对团队来说，对每一位传承人的采访都是一次意义非凡的文化体验。2020年10月1日，习近平总书记在联合国大会纪念北京世界妇女大会25周年高级别会议上指出：“妇女是人类文明的开创者、社会进步的推动者，在各行各业书写着不平凡的成就。”他强调“妇女社会地位显著提高，‘半边天’作用日益彰显，性别平等和妇女赋权已成为《联合国2030年可持续发展议程》的重要目标”。正如习近平总书记所说的那样，我们这7位女性非遗传承人正在自己民族文化传承中砥砺前行，书写着不平凡的成就，在中华民族伟大复兴的中国梦中贡献着自己的一份力量。她们依靠自己的智慧和勤劳的双手，开办公司、工坊、传习基地，帮助贫困乡村的妇女们通过学习和传承非遗技艺，实现“带着娃、绣着花、挣着钱、养着家”的朴素心愿，让家庭过上更好的生活。因此，我们希望大众可以通过这7位女性非遗传承人的故事，从中看到中国女性在传承多彩非遗、发展民族文化产业、创造美好生活中正在发挥着越来越重要的作用，让世界倾听更多来自非遗领域“她时代”的女性声音。

感谢参与此次口述史研究的24位同学，他们是温智纯、韩妮、银壮已、陈炎梅、程湘镕、李妮、王甜甜、廖学君、覃稚婷、吴雅妮、韦璐颖、林剑峰、韩月、黄超珍、黄子玲、韦景顺、诸葛成影、蓝海源、谭英杰、赵李静、覃港媚、张婷、赵康怀、郭翔宇。他们有的是硕士研究生，有的是本科生，来自不同专业，如历史学、民族学、社会学等，感谢他们在素材收集和整理中付出的巨大努力。在此，还要感谢唐彬彬和廖珮淇两位老师在素材收集中给予的协助，尤其是编者所在的广西民族大学民族学与社会学学院给予的大力支持与资金资助，为本次口述史研究的完成奠定了基础。

编者

于广西民族大学相思湖畔

2020年12月20日

目录

壮族织锦技艺传承人——李村灵

一、壮族织锦技艺概述

壮族织锦（简称“壮锦”）技艺历史悠久，汉代广西壮族地区已出现“细者宜暑，柔熟者可御寒”的“峒布”。中华人民共和国成立后，考古工作者在广西罗泊湾汉墓的七号残葬坑内发掘了数块橘红色回纹锦残片，佐证汉代广西已有织锦技艺。

壮锦起源于汉代，形成于唐宋时期，明清时期进一步发展，在明代被列为贡品，清末民初，壮锦开始衰落。历经千余年发展的壮锦有自成体系的三大种类、二十多个品种和五十多种图案，以结实耐用、技艺精巧、图案别致、花纹精美著称。

关于壮锦，有一个动人传说。传说在古时候，住在大山脚下的一位壮族老妈妈，与三个儿子相依为命。老妈妈是一位手艺精湛的织工，她织出了一幅壮锦，上面有房屋、花园、田地、果园、菜园和鱼塘，还有鸡、鸭、牛、羊。一天，天空突然刮起一阵大风，将这幅壮锦卷到东方的天边去了。原来是东方的仙子们看到这幅壮锦，十分喜欢，便取走了。老妈妈先后派出大儿子和二儿子去寻找壮锦，但他们都畏惧路途艰辛，拿着银两到城里享乐去了。后来，老妈妈的三儿子在大石马的帮助下，越过火山和大海，来到了仙女们居住的地方。当时，一位红衣仙女正在织锦，三儿

▲织锦厂车间一角/摄影：采访组

子趁机拿走了自己家的壮锦，骑马回到老妈妈的身边。三儿子回到家中，拿出壮锦一看，惊喜地发现壮锦在阳光下渐渐伸展着，最后变成了美丽的家园，而仙女就在其中。原来，仙女实在太喜欢这幅壮锦，便偷偷在壮锦上绣下了自己的人像，被老三带回家中。最后，三儿子与仙女结为夫妻，过上了幸福的生活。

2006年5月20日，经国务院批准，壮族织锦技艺被列入第一批国家级非物质文化遗产代表性项目名录。

（一）壮锦工艺

壮锦织造主要使用有支撑系统、传动装置、分综装置和提花装置的手工织锦机。靖西壮锦厂使用的织锦机，与别处使用的竹笼机稍有不同。竹笼机有一个巨大的竹笼吊在上方，竹针绕在竹笼上，而织锦机是将小竹条按事先设计好的纹样按顺序编排在织锦机的前部中间。壮锦是以单色的棉纱为经，以各色丝绒为纬，采用通经断纬反面挑花方法织造而成的。

1. 工艺流程

壮锦的工艺流程大致如下：纺线—染线—浆线—卷纱—拉纱—梳纱—穿综、穿筘—结花板—织壮锦。第一，纺线，即用棉花纺成棉线；第二，染线，根据图案搭配需要，把纬线染成红、黄、蓝、黑、绿等颜色；第三，浆线，用米汤或粉浆等浸润纱线；第四，卷纱，把染好的棉纱卷成筒状，方便拉经纱使用；第五，拉纱，这里指的是拉经纱；第六，梳纱，即整理经纱；第七，穿综、穿筘，把经纱按顺序穿在综片、筘子的孔中；第八，结花板，用小竹条按设计好的纹样进行编排；第九，根据结好的花板图案和规格，配上各种彩色丝线，织造出色彩斑斓的壮锦。

现在的靖西壮锦厂已经省去了纺线、染线和浆线三个步骤，直接买进筒状的纱线。拉纱、梳纱、穿综、穿筘是准备经纱的重要步骤，繁琐细致，最少也需要一天的时间。拉纱是把筒状的纱线拉出来，绕在一个特制的木架上，架木中间有很多条光滑的木条，绕好之后就可以开始梳理经纱。经纱梳理完毕便上机，再把经纱穿过综片、筘子的孔内。因为换地经需要经过拉纱、梳纱、穿综、穿筘这几个步骤，所以一般是先计算好长度，完成几幅地经同样的作品后，再换另外一种经纱。接下来，织娘结好花板，就开始织锦了。

织锦机由硬木制成。硬木是红木的一种，密度高，具有坚固、稳定的优点。织娘用的是船型梭，用于引导纬线进行织造。另外，还有一条醒目的白色塑料管——分经筒。以前的分经筒是用竹子做的，竹筒用久了会起毛刺，容易勾线，现在塑料材质的分经筒可以避免这个不便之处。壮锦厂过去有使用过电动的织机，产量高，

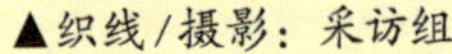
▲织线/摄影：采访组

▲拉纱/摄影：采访组

节省人工成本，但图案单一、颜色单调。后来机器生产的壮锦逐渐不受消费者的喜爱，就停用了电动织锦机。手工制造的壮锦不仅色彩丰富，而且图案灵活多变，在织造的过程中可以随着织娘的想法改变图案。

织锦使用的材料，过去只有棉线，现在变得多样化了。传统棉线粗而不易断，织出来的壮锦较耐磨，但触感较硬。当代壮锦的材料有蚕丝、人造丝、羊毛线等，这些材料的颜色更丰富、更鲜亮，织出来的壮锦更能迎合当代人的审美。

▲织机/摄影：采访组

▲壮锦厂的织娘/摄影：采访组

2. 图案纹样及色彩

壮锦的传统图案纹样来源于壮族妇女日常劳动生活中的所见、所闻、所感，主要分为几何纹、动植物花纹和文字图案。以《壮锦》作品为例，几何纹有祥云纹、回形纹、圆圈纹、水波纹等，这些几何纹都是以简单的点、线、面，以及正方形、三角形、菱形、圆形等作为基础图案，有着大方简洁、变化规律的特点；动植物花纹主要是对花朵、小鸟、鱼儿等自然界美丽生物的艺术化设计，这幅作品上的图案纹样有蝴蝶、吉祥鸟、蝙蝠、木棉花、麦穗、鱼等。文字图案除了“卍”字外，较常见的还有“寿”“喜”“福”等。这些图案虽然是艺术化抽象设计，但十分形象生动，易于辨认。壮锦上的图案大都蕴含着吉祥之意，体现壮族人民积极劳作、期待丰收、热爱大自然、追求幸福生活的情感，很少有与苦难、不幸相关的图案。这些传统纹样的创造者即使当时大都生活在饥寒交迫的艰苦条件下，也没有丧失对美的追求，依然保持着乐观进取的精神，所以才得以设计出流传百代的壮锦纹样。

少数民族因为亲近大自然、热爱大自然，所以他们设计的纹样大多色彩丰富，对比鲜明，给人热烈明亮之感。壮族一般以红色为吉祥的颜色，婚嫁、满月被称为红事，过春节更是要用红色来装点屋子，增添热闹喜庆的气氛。因此，壮族妇女设计壮锦图案时，主要使用红、黄、蓝、绿等颜色，喜欢以红色为主色调，可以看出整个锦面色彩对比强烈，十分艳丽。

▲《壮锦》/摄影：采访组

（二）成品及创新

早期的壮锦成品以实用为主，多生产生活用品，如背带的背芯、被子的被面以及门帘等。20世纪中期，壮锦厂的产品由生活用品转变为以工艺品为主，种类开始丰富起来。现在的成品主要有壁挂、床旗、背包、抱枕、围巾、灯饰、卷轴画、摆件、扇子、杯垫等。譬如，包包的款式很多，有钱包、单肩包、双肩包、斜挎包、手提包等，这些包包一般以素色为主体部分，点缀一些纹样，简约又不失亮点，十分符合当代人的审美。

尽管有30多年的织锦经验，但靖西壮锦厂厂长李村灵并没有止步不前、墨守成规。她一直致力于创新壮锦的表现方式，希望壮锦不仅仅作为藏品被收藏在家中，也能够走进人们的生活。她有一个“新点子”——将壮锦设计成头巾或者发带，这是她在旅游时看到类似的旅游纪念品而得来的灵感。头巾的作用是包住头发，使头发整齐服帖，同时也是一种头饰；而发带更是受到现在的年轻女孩子的喜欢，类似于以前的发箍，是一种时髦的发饰。在壮锦厂旁边有一个出售壮锦厂成品的商铺，走进去，各式各样的壮锦工艺品精美雅致、琳琅满目，且价格适中。

（三）文化内涵

1. 多子多福

以前壮族人在婴儿满月的时候，外婆会赠送一条背带，这条背带可能是外婆亲手制作的，也有可能是代代相传的。壮族背带由蓝靛染成的土布作为底布，壮锦作为背芯。壮族的背带不仅是美观、实用的生活用品，还蕴含着外婆对孩子健康长大的希冀，以及壮族人多子多福的美好意愿。

2. 花婆信仰

花朵在壮锦的织造中是十分常见的纹样，这充分体现了壮族人民的花婆信仰。靖西壮族民众相信花婆是负责婚姻与子嗣的神，每一位壮族人都是花婆花园里的一朵花，男性为小白花，女性为小红花。当小孩子体弱多病或遭遇不幸时，人们就会向花婆祈求帮助。

参考文献

[1] 杨素梅. 每天一堂非遗文化课（传统工艺卷）[M]. 北京：中国华侨出版社，2012.
[2] 玉时阶. 壮锦文化刍议[J]. 广西大学学报（哲学社会科学版），1992（04）：44-48.

二、采访手记

时　间：2019年4月12—14日
地　点：靖西壮锦厂
采访人：杨小君、李妮、陈炎梅、韦璐颖、黄超珍、黄子玲、林剑峰

早上9点10分，我们比约定时间早到了一些，靖西壮锦厂还未开门。壮锦厂的大门是一个飞檐翘角的古式大门，有两层楼高，在街道中显得十分醒目。大门上方二楼的横匾上写着褐色的“壮锦”二字，往下是三扇窗，金黄色的窗格子组成不规则的形状；再往下就是一楼的横匾，画着翠绿的荷花图。大门的两侧有两根坚固的大红色柱子，左侧挂着“靖西市壮锦厂”的招牌，右侧有两块招牌，分别是“自治区级技能大师工作室”和“靖西县富盛刺绣有限公司”。门楣上挂着壮锦厂各时期的荣誉奖牌匾。

门口的卷闸门是开着的，我们走进去，发现右侧有个长廊，往里走便是富盛刺绣有限公司，壮锦厂则需上到二楼。长廊的墙壁上挂着一些壮锦及织锦技艺培训的

▲壮锦厂外景/摄影：采访组

相关活动海报。我们将沉重的拍摄仪器设备放在地上，站在门口等着李村灵厂长的到来。看着时间还多，大家纷纷拿出自己的笔记本，再一次梳理访谈大纲来，感觉像是在考试前，心里都有一些紧张，想要抓住最后一点点时间，多看一些复习资料。

没过多久，李村灵厂长就开着电动车来了。她穿着藏蓝色长裙，留着短发，背着点缀有壮锦图案的小双肩皮包，整个人看起来十分干练。我们热情地向李厂长问好，她平易近人的笑容也将大家心里的紧张感一扫而去。在她的带领下，大家随着弯曲的楼梯来到二楼。织机室、陈列馆、厂长办公室，我们带着新奇的眼光逐一参观，了解靖西壮锦厂的历史，以及李村灵厂长与这里的故事……

▲壮锦厂一角/摄影：采访组

壮锦厂位于比较窄小的街道里面，稍微大一点的巴士就难以进去了。交通不便利，对壮锦厂的宣传与销售是非常不利的因素。老一辈的人基本都知道壮锦厂，那时候的壮锦厂规模比较大，还会经常举办运动会，就像一个小社会一样。但是现在当地的年轻人对壮锦厂却是知之甚少。我们没去靖西的时候，以为在国家非物质文化遗产传承方面有所成就的壮锦厂的知名度在当地应该非常高，地地道道的靖西本地人应该都会知道靖西壮锦，知道靖西壮锦厂。然而当我们问靖西当地一位年轻的网约车司机知不知道靖西壮锦时，出乎我们意料之外的是，他不知道壮锦是什么，也不知道壮锦厂在什么地方。从与厂里织娘的交流中了解到，她们平时生活上也极少用到壮锦制作的物品。因为几乎所有的壮锦都是人工制作的，价格都比较昂贵，基本上都是买来送给嘉宾，或者是作为中国民族特色文化输出国外。中午休息的时候，我们见到李厂长办公室隔间挂有很多围巾，她的侄女会来拿围巾到其他店面去销售宣传。我们当时询问了一下价格，一条纯手工制作的壮锦围巾价格是780元。这个价格对我们这些普通人来说还是很难消费得起，所以壮锦更多是用来送礼或者用来珍藏。因此，传统工艺如何传承与创新，走入生活，走入大众视野，依然任重而道远。

▲采访现场/摄影：采访组

▲采访学生与李村灵（左四）合影/摄影：采访组

三、壮族织锦技艺传承人自述

◎人物名片

李村灵，女，壮族，1967年4月出生于山清水秀的广西百色靖西县（2015年改为市）新靖镇，靖西壮锦厂厂长，靖西壮锦第六代传承人、壮族织锦技艺代表性传承人。

1987年，李村灵进入壮锦厂工作，师从陈晔，开始学习壮锦技艺。2005年，李村灵接手壮锦厂，成为厂长。壮锦厂在她的带领下，前景喜人。2011年10月，靖西壮锦厂被列为广西首家非物质文化遗产生产性保护示范基地，同年11月被国家文化部授予国家级非物质文化遗产生产性保护示范基地称号。在壮锦厂工作的30多年里，她对壮锦技艺精益求精，不断追求作品的创新，为壮锦的传承与保护做出了极大的贡献。

2012年，李村灵获中国非物质文化遗产生产性保护成果大展突出贡献奖；2014年获“广西工艺美术大师”荣誉称号；2018年5月，被评为第五批国家级非物质文化遗产项目——壮族织锦技艺代表性传承人；2019年9月，荣获“全国民族团结进步模范”称号。主要作品成就：《壮锦水桶包》获第二届广西发明创造成果展览交易会传统手工业创新成果奖，《壮锦灯饰》获广西工艺美术精品展金奖，《锦韵生香》获首届广西民族服饰设计征集与展演民族元素礼仪装金奖。

▲李村灵/素材来源：李村灵

证书

认定李村灵为国家级非物质文化遗产代表性项目壮族织锦技艺的代表性传承人。

▲国家级非遗传承人证书/摄影：采访组

缘起壮锦

我今年52岁了，出生于靖西市新生街上的一户普通人家。小时候居住在一个老房子里面，家里一共有七口人，分别有爷爷奶奶、爸爸妈妈和我们三姐妹。我是家里的老大，下面有两个妹妹。爸爸是一名财会[①]，妈妈是从事铁皮制作工艺的，也就是用铁皮来制作刀具、铁桶这种手工艺产品。父母的工作收入基本就是我们整个家庭的经济收入来源。我因为是家里面最大的孩子，所以从小就要担起家里的事，减轻父母的负担。我初中毕业后就读中专，学习的是财务管理方面的专业。在我没有接触壮锦之前，家里也很少有人从事与壮锦相关的工作。

（一）儿时的手艺经历

我小时候，穿的鞋子都是手工缝制的那种布鞋。以前每家基本都会自己做布鞋，因为妈妈那一辈和我这一辈几乎都是自己家里手工做的布鞋，就是一些手工粘布、纳底、缝制的那种布鞋。我们那时候的人都是穿这种布鞋，不像现在有那么多鞋店，里面摆放有各式各样的皮鞋、高跟鞋。以前我们家穿的手工布鞋，都是妈妈亲自制作的。小时候看到妈妈在做布鞋的时候，我们经常围在她的旁边问一些关于布鞋制作的东西。妈妈会耐心地告诉我们一些布鞋制作的工具，比如“这个是鞋垫，这个是鞋面，这个尖尖的是锥子”这样类似的话。因为我们当时还小，做鞋的工具，像锥子这种比较危险，妈妈就没有让我们碰，我也就没有学到怎么样制作布鞋。妈妈还会在布鞋上绣一些图案，加了刺绣的布鞋穿着也更漂亮、美观。这种手工做的布鞋，我们一双可以穿好长一段时间呢，质量很好，很耐穿。

我上学的时候，学校里也会有一些同学穿自己手工做的那种衣服和布鞋。衣服是用自己织的那种土布制作而成的。我们这边传统的土布衣服都是自己缝的，颜色主要以黑色和蓝色两种为主，基本上都是用这两种颜色的土布镶在一起做装饰。比如在一套以黑色为主的布做成的衣服上镶少量的蓝布上去当装饰，用一些不同颜色的布搭在一起就形成一种装饰了，看起来也美观一些。我们这边的衣服很少会用刺绣或壮锦搭在上面做装饰，整体上比较朴素，用我们自己的话说“看起来黑麻麻的”。教会我缝衣服的是我的奶奶，因为在我小的时候还没有缝纫机，家里也常会有一些需要缝补的衣服。那个年代的衣服都是缝缝补补的，不像现在破了就不要了，换新的，所以学会缝衣服也是挺实用的。我奶奶通常会教我们怎样缝衣服、缝衣角，我那时候还小，贪玩，有时候也会不大乐意跟奶奶学。但奶奶还是有耐心地教我们，教我们怎样拿针、顶针。从奶奶那里学到的这项技术，对我的影响还是挺大的。如果她不教我，我也不知道怎么样缝衣服，像现在的小孩很多可能连针都不会拿了。

我们小时候会搞一些剪纸，在学校里一帮小朋友偷偷摸摸地拿白纸染上各种色彩做剪纸。我们以前剪纸不是用剪刀剪的，一般是拿刀片在染好的纸张上面划，划

①财务：即财务会计。

▲李村灵讲解织锦过程 /摄影：采访组

出自己喜欢的图案。用剪刀剪的剪纸也会做一点点，不过都只是一些简单的菱形、八角形这种图案，复杂的图案就不会剪了。当时很流行这种剪纸和用刀片划的剪纸，经常一帮小朋友一起玩，大家相互学习。我们还会自己缝布娃娃，以前没有什么玩具，街上也没有娃娃卖，我们也没有钱，都是自己做的娃娃。通常是用布做成猴子抱南瓜形状，再往里面放入一些棉花、木屑这类东西，填满之后缝好就基本完成一个玩偶了。我们那时候还小，不会刺绣，就会用一些拆旧衣服时多余的花布，把花布剪碎，就拿来制作布娃娃。我们也没有钱买新布，都是用拆衣服剩下的碎布来缝制。以前的小孩子个个都会自己做这种小布娃娃，虽然没有现在商店里卖的那些布娃娃那么漂亮，但这种自己用碎花布拼接的小东西也是我们当时很好的玩具了。

（二）迟来的壮锦缘

我中专读的是财务管理方面的专业，刚刚毕业的时候还找不到专业对口的工作，所以第一份工作就是跟着妈妈学手工技艺。因为妈妈是做那个手工铁制品的，在那个时候还没有塑料这类的产品，所以当时的很多生活用品都是用铁做成的。我和妈妈做的产品主要是我们平常生活用的一些桶、盆、水瓢，还有酒壶这种铁制品。做这个铁制品的手工艺其实是很累的，不过也算是学了一门手艺，直到后来亲戚介绍我到壮锦厂做财会工作，我才不做铁制品了。

▲壮锦被面/素材来源：李村灵

▲壮锦背带/素材来源：李村灵

我第一次见到壮锦是奶奶的一床被面和一个背带，当时就觉得很漂亮。当我问奶奶这是什么，她告诉我说这是壮锦制作成的被面。奶奶常对我们说，这幅壮锦被面是她的嫁妆，是她娘家人送给她的礼物。后来，奶奶的被面变得非常陈旧了，她还是特别珍惜。我当时很不理解她为什么把这么陈旧的东西当做宝贝，因为在我们看来它已经非常破旧了。我当时还小，只觉得新的东西才是好的，破旧的就没有什么用了。进入壮锦厂之后，我开始接触壮锦。我亲眼看到织工们如何操作织机，知道壮锦织造的过程如何复杂，了解到织工们如此用心，我才知道壮锦是如此珍贵、值得被人珍藏的，也就理解奶奶对她的壮锦格外珍惜的原因了，而且这个美丽的壮锦被面也承载着她对娘家的怀念。奶奶在生前还特意交代我们，在她过世以后一定要用她的壮锦被面陪葬。因为这个壮锦被面是娘家给她的嫁妆，陪着奶奶走过了大半辈子，是她与娘家联系的情感纽带。因此，她希望在过世后，让这个壮锦被面陪着她走进棺椁里，亦是一种对娘家深深的怀念之情。

小时候，妈妈会用壮锦背带背着幼时的我。那时候人们使用的背带一般有两种，一种是壮锦背带，另一种是手工刺绣背带。可惜的是，妈妈用来背我们的那个背带没有能保留下来，不知道丢去哪里了。这可能也是因为家里的小孩子比较多，背带背了老大、老二、老三，使用时间久了，烂了就丢掉了。这个背带应该是妈妈的娘家，也就是我外婆送的。在我们这里，背带都是姥姥送给外孙的礼物。我们有很多重要的场合都会用壮锦作为礼品拿来送人，像结婚的时候就会送壮锦被面、被子等。以前的话还有好多种，比如床帘、床罩这种都是带有壮锦的装饰或刺绣工艺的。然后就是小孩子出生，娘家人会送壮锦背带、帽子、虎头鞋、猫头鞋、小背心这类物品，作为送给外孙的礼品。以前老人过生日很少会用壮锦作为寿礼，因为那时候壮锦制作的物品一般只有两种款式：壮锦被面和壮锦背带，后来就慢慢出现了挂件这类的新样式。现在老人过寿，也会有送壮锦当寿礼的，最常见的是织成“福”字或者“寿”字的挂画，裱好后挂在墙上或者摆在房里。现在，像结婚、小孩子出生、老人过寿这些比较重要的场合，我们都会赠送与壮锦相关的礼品。

我觉得娘家以前肯定有人会织壮锦，可能由于搬迁到镇上没有织机就没有继续织了吧！小时候我都没有见他们织过壮锦，倒是会看到他们做手工布鞋，有时候还会在布鞋上刺绣。我的爷爷奶奶应该不会织壮锦，因为爷爷是老师，教了一辈子书，而奶奶是来自地主阶级的家庭，家里经济环境比较富裕，不用干什么活，可能也不会织壮锦。不过，听说在他们那个年代好像每家都会织壮锦这类手工品，所以奶奶对壮锦也会有所了解。那个时候村庄里的织锦机可能会比较多一些，会织壮锦的人也会多一些。但是我小时候住在县城里面，很少有机会看到织锦机，身边也没有会织壮锦的人，所以那时候都没有机会接触壮锦的制作技艺，了解壮锦技艺。我姥姥倒是住在靖西乡下，但是小时候交通工具不发达，所以很少能够去到姥姥家，也就不记得她那边织不织壮锦了。在进入到靖西壮锦厂正式工作之前，我对壮锦技艺都不是很了解。我中专在广西二轻干部学校学习财务管理，一

▲壮锦厂陈列馆 /摄影：采访组

直都以为自己毕业后会做财会，从来没有想过会从事壮锦织造方面的工作。我觉得这是一种缘分吧，是我和壮锦的缘分。我第一次看见织造壮锦的画面是在1987年，那一年我进入靖西壮锦厂工作，主要负责厂里的出纳工作。当时我刚刚进入到厂里，看到织娘们在织壮锦，感到十分惊奇，因为这是我第一次亲眼见到壮锦的制作过程。看到那么多美丽的壮锦图案，我深深地为之吸引。现在看来，在小时候的玩伴里，就我一个人从事了织锦工作，想来能走上和壮锦有关的道路，自己也觉得很奇妙。

靖西壮锦厂的故事

（一）初来乍到

我是在1987年的时候来到壮锦厂，那时候陈晔师傅是这里的厂长。当时壮锦厂的员工还挺多的，年纪跟我差不多大的，主要负责织布和生产用线。此外，还有一些比我年长的，她们除了织布之外，还会做一些手工挑花和织壮锦。织娘们一般都不会自己设计图案，都是厂里的办公室人员设计好之后，拿给她们对照织。当时，壮锦厂的发展是蛮好的，主要生产一些少数民族日常生活需要用到的产品，有很多机器设备，包括一些电动设备和手工设备。员工主要分为两批人，一批做手工织锦，另外一批用电动设备来做线毯和土布。那时候来厂里买土布的村民也比现在多，他们会将买回的土布染成自己需要的颜色，做成自己喜欢的衣服。直到20世纪90年代末，壮锦厂才全部改用手工织锦。因为我们的机器设备老旧了，生产出来的产品质量也不好，而且人们也越来越不喜欢机器设备织出来的壮锦，而是越来越偏向于手工织锦，所以我们就把电动设备全部撤掉了，只保留了传统的手工织锦，一直到现在还是那样。

▲李村灵织锦/素材来源：李村灵

壮锦厂承载着许多我与壮锦的故事。进入壮锦厂以后，我主要负责财会这方面的工作。起初，我还没有接触到壮锦，后来在厂里待的时间长了，逐渐熟识了厂里面的织娘们，会在完成财会工作之后跑到织房向她们讨教一些织锦的手艺。从那时起，我就开始慢慢地学织壮锦。当时，我是向陈晔师傅拜师学艺的。她从织锦机的结构开始教我，之后一步一步地教我织壮锦。因为当时我还要负责财会工作，只能在工作之余偶尔学下，所以我学会织壮锦的时间比其他人都要长，大概是学了半年才学会的，之后便一边做财会，一边织壮锦。

我来到壮锦厂的头几年，厂里一直都运转得挺好。到了1990年，壮锦厂就开始遇到了一些困难。那时，壮锦产品的销路都不是很好，员工也因此另寻出路了，留下的员工越来越少。那时候厂里连员工的工资都差点发不出，堆积的产品也很多，机械生产出来的布料和线毯都卖不出去。以前，我们生产出来的产品就卖给各个乡镇的供销社，由它们来售卖。后来，越来越多的个体户出现，大家都自己进货了，不跟供销社买货了，所以供销社也不跟我们要货了，就导致了很多产品堆积在厂里。为了解决这些困难，我就跟着厂里的管理人员到处跑，去找客户。有段时间，我们跑到了广东，在那里找到了一家专门搞对外出口的刺绣厂家。我们领他们的丝线和布料回来加工，收取一些加工费，壮锦厂这才慢慢有了好转。后来跟他们合作的时间长了，我们就熟悉了他们的进货渠道，掌握了他们的工艺，慢慢地就改造成自己的产品。此外，我们还会做一些绣球。说到绣球，其实以前没有像现在这么多人做，就只有县里面的三四个老人在做。绣球在旧州①盛行，说起来可能还跟我们壮锦厂有点关系。因为有一年，政府要举办少数民族运动会，在我们壮锦厂预定了2000个绣球，当时我们厂里员工少，所以就要发动乡下的村民一起做。那时候我们每天都要往乡下跑，去教他们怎么做绣球、怎么拼接，怎么样才能做得好、怎么样才能做

▲绣球/素材来源：李村灵

①旧州：指广西靖西市的旧州古镇。

▲李村灵（右二）讲解壮锦特点 / 摄影：采访组

得快。那一段时间我们经常往旧州那边跑，可能因为这样，旧州的绣球就流行起来了。

虽然壮锦厂的经济运转问题暂时得到了解决，但是当时壮锦的市场景气还不是很好，而且成本又高，所以厂里的员工还是变得越来越少，许多人都另寻出路了。之前跟我一起工作的伙伴们也没有留下来，只有我坚持留在了厂里面，因为那时候我已经爱上了壮锦，不舍得离开壮锦厂。面对这种情况，我父母也没有劝我离开壮锦厂，而是一如既往地支持我在壮锦厂的工作。我1989年结婚，有一个女儿。因为我工作的原因，她从小就在壮锦厂长大。她放学的时候我还没有下班，就常把她接到壮锦厂。她经常能看到我在厂里织壮锦，有时候见到我们做出来的壮锦很漂亮，也想要拿来玩或者拿来用。但是她长大后没有从事壮锦这个行业，她学美术出身，现在是一位老师，有时候也会跟我讨论一些关于色彩搭配和图案之类的问题。我自己没有壮锦被面，但是女儿结婚的时候，我亲手做了一床壮锦被面给她，让她好好保存。我女儿现在还没有小孩，等她有小孩了，我也会备一些背带、虎头鞋之类的壮锦物品给她。虽然现在不怎么用壮锦了，但是我还是会按照壮族的传统仪式来做，让女儿把这些壮锦物品留下来做纪念，这还是很有意义的。

（二）成为厂长

2005年陈晔师傅退休之后，我成了靖西壮锦厂厂长，开始接管厂里的工作。刚开始接管壮锦厂的时候，我感到压力非常大。因为成为厂长之后，就要管厂里面大大小小的事情，包括员工、销售、用料、设计、产品质量等。以前快递还没这么发达的时候，无论路途多么遥远，送货都是我们自己去送的。我还记得有一年，都安那边跟我们订了很多绣球，我们发动村民做好绣球，检查合格之后，就要把绣球送去都安。那时候没有直达车到都安，必须要先从靖西到南宁，再从南宁到都安。当时我们办公室的人员都非常团结，我们晚上乘坐卧铺汽车到南宁西乡塘客运站，第二天早上再把货物从西乡塘客运站拉到安吉客运站，然后再从安吉客运站乘坐大巴车到都安。那时候确实很辛苦，自己既要管理又要运货，不过那时候我才三十几岁，还年轻，也不觉得很累。除了要亲自送货之外，装货和卸货都得自己亲自动手。有时候，有些司机不同意把货物放在车厢里，我们就只能把货物放在车顶，到了之后再卸下来。我们也会把生产出来的产品运到广东售卖。有一年，锦绣中华[①]跟我们预订了好多绣球和壮锦，当时我们搭晚上的火车，自己把货物驮到火车站托运部打包好。那时候不像现在有压缩的打包袋，我们得自己用粗糙的麻绳打包，每次扎好麻绳，手都是红红的。那段时间确实很辛苦，但是只要能够有销路，能够有收入，

▲壮锦厂的织娘们/素材来源：李村灵

①锦绣中华：位于广东深圳市的一个主题公园。

▲厂长办公室一角/摄影：采访组

再累也值得，大家也都觉得很快乐。在壮锦厂工作这些年，虽然很辛苦，但是也有开心难忘的时候。我印象最深的是有一年，百色市为了宣传壮锦，策划了一出舞台剧，找到我们来当演员。我们就抬着厂里的织布机跟着他们一起去排练、演出。壮锦厂的员工出演了这部舞台剧，这对我们厂和壮锦都是一个很好的宣传，那时候我们很开心。

到了2006年5月20日，壮族织锦技艺经国务院批准被列入第一批国家级非物质文化遗产名录。以前，我根本就不知道什么叫“非物质”，也不知道什么叫“非物质文化遗产”，只知道有织锦这门手艺。自从壮锦被列为非物质文化遗产以后，很多人都知道了壮锦。之前我们壮锦厂遇到困难的那一段时间，很多人都以为我们壮锦厂做不下去了，要倒闭了。到了2011年，我们靖西壮锦厂被评为国家级非物质文化遗产生产性保护示范基地之后，更多的人知道了这个厂的存在。沾壮锦的光，我在2015年的时候被评为自治区级非物质文化遗产传承人，2018年被评为国家级非物质文化遗产传承人，2019年获“全国民族团结进步模范个人”称号。很感谢国家给我这么高的荣誉，也挺高兴的。其实说实话，做了这么多年的壮锦，我觉得自己做得还不够好，也没有什么成就。不管得不得这个称号，我都会一直把壮锦做下去，尽力把壮锦厂经营下去。得了这些荣誉称号之后，我觉得自己肩上的责任更重了，这促使我更加积极地保护和传承壮锦这门技艺。

壮锦未来之路

成为传承人之后，很多人都通过网络找到我，跟我们壮锦厂定制一些壮锦产品。以前只是一些老人来问有没有被面，现在年轻人也开始来找这种东西了。可能是因为现在的宣传工作做得比以前多了，不同年龄段的人都来找不同的壮锦产品。像有些搞服装的人，就会来问有没有壮锦服饰。有时候领导开会也会向跟我们定制壮锦服装。上次百色市的周市长就穿了一套我们壮锦厂做的服装去参加人大会议，大家看到后觉得好看，就来找我们定制。现在旅游业发达了，有很多旅游景点都在搞民宿，有些人也会跟我们厂定制一些壮锦产品来做装饰。以前购买壮锦产品很少有年轻人，现在年轻人变多了。他们买来后会用来做成服饰或者装饰家里、店铺。我家里面也经常用这些有壮锦元素的装饰品，比如我家现在的壁挂和背景墙就是壮锦。自从壮族织锦技艺被列为非物质文化遗产以后，我们壮锦厂陆续受邀去参加各种大大小小的活动，也因此获得了许多荣誉。但是这些荣誉并不是属于我一个人，而是属于我们壮锦厂的每一个人。

虽然借着非遗的光，我们壮锦厂现在看起来有点起色，但是实际上，我们面临着很大的困难。最大的困难就是壮锦技艺没人继承，各方面的人员都非常欠缺。包括管理人员在内，现在壮锦厂只有20个人左右，而且都是上了年纪的老员工。她们都是结了婚有小孩的妇女。她们因为觉得这个工作比较轻松，时间自由，才愿意过来织壮锦，所以这几年都没有新的员工加入。以前也有新人想要来，差不多每年都会有一两个。进来了以后，有些学得好的就继续留在壮锦厂工作，有些人悟性不太好，做出来的东西质量不好，我们也不想要。但是也有一些新进来的人做了一段时间又离职了，所以要找到一个合适的人很难。我们也不是说来一个要一个，经过培训合格之后才决定录用，不然织出来的产品不合格的话也是浪费。我现在也没有专门收徒弟，凡是进到厂里面工作的都是我的徒弟。像现在厂里有些手工做得比较好的员工，我就会重点培养，一有机会就会带她们出去多学习、多展示。我也想要更多的人加入到我们这个行业当中，让这门手工艺好好地传承下去，希望社会各界都能来支持。

现在有些学校在举办一些传承人培训班，我也去参加过，觉得这也是一种新的传承方式。其实走进校园是很好的传承方式，而且最好是从小孩开始慢慢培养。现在的小孩大多数都知道动漫，但很少关注我们的传统文化。我觉得应该从小学开始就让小孩懂得一些传统文化的意义，慢慢了解这种文化的图案，等到长大一点了，就可以让他们动手来体验和学习了。最近这几年，政府很重视非物质文化遗产，每年都会举办一些非遗展，我们都会积极参加。我觉得去参加这些非遗展也是一个宣传壮锦很好的方式，可以从别人身上学到很多东西。

现在互联网很发达，我们这两年开始跟互联网合作，利用互联网平台把壮锦推

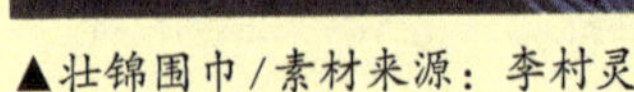

▲壮锦围巾/素材来源：李村灵

▲壮锦配饰/素材来源：李村灵

广出去。我们也经常参加一些展销会之类的活动，这种展销会也挺好的，可以学习到更多的东西。我还在想怎么把壮锦放到抖音里卖呢，让人们在看小视频的同时点击一个链接就可以进入购买页面。我现在很喜欢跟着年轻人学习，每个年轻人来我这里我都会向他们请教。因为要跟上时代，必须向年轻人学习现代的东西。我看见现在有很多女孩子会在头上戴一个发带，既能整理头发又能起到装饰的作用。我就来灵感了，想到也可以利用我们的壮锦元素来做一些这样的发带。我现在就做了一个，也戴出去过，有些人看到了就会跟我说这个发带很好看，问在哪里买的。目前看来效果还是蛮好的，还在试验当中，如果好的话，我们就会生产。

现在我就想把壮锦融到日常生活中去，让更多的人接受壮锦。因为想要把它传承下去，就必须要让更多的人接受它，就要把它跟现代生活结合起来。如何设计更多的东西，并且让它走进生活当中，让每个人都能接受到壮锦，这是我们努力的方向。我们不能只是注重观赏，还要更加注重壮锦的实用性，只有这样才能让壮锦流行起来。如果光是欣赏，就只是把它放在某个位置上当摆设，而如果将壮锦生活化了，每个人都用上了，就可以把它传承下去。只要群众能接受，壮锦就能传承下来。

四、大家谈大师

（一）女儿梁莉

1. 全家出动

我叫梁莉，从小在靖西长大，初中的时候才出来读书。小时候我很喜欢往壮锦厂跑，因为那里有很多好玩的东西。以前我妈也教过我织锦，刚接触的时候我也挺喜欢的。我自认为是一个可以定下心来做这些东西的人，因为我从小学美术嘛，画画也是需要耐心的。可是我又是一个比较“粗犷”的人，可能做不了这些。我以前拿针的时候总是被我妈说“手像脚一样，连根针都抓不好”。我妈也说过，希望我长大以后可以跟她一起学这门手艺，一起把它传承下去。后来我去学了画画，可能她希望我长大以后能帮壮锦设计一些图案吧。可是个人爱好的原因吧，我更愿意做一名老师。其实，我也有想过以后要接妈妈的班，帮她把这个事情做好做大。但是我做不到像她那样坚持，我也想到外面的世界去看看。现在偶尔会帮她做一些设计图，尽可能地通过自己的方式帮助她，但也只是偶尔，帮不了太多。有时候我妈需要准备申报材料，我也会帮她准备这些东西，包括拍摄产品、填写表格等。我们全家人，包括我爸、我老公、我阿姨、我堂姐，只要有时间、有能力，都会尽全力去帮我妈做这些事情。我们有几个亲戚是北京的，她们说要把我们的壮锦带出去，推销给在北京的一些同事、朋友。她们觉得，我们广西的东西这么好看，家人做这个很骄傲。可以说，我们全家都支持她做这件事。

目前在靖西的就只有我妈、我爸和我外婆了。我爸已经下岗了，在帮我妈“打理后宫”。中午的时候我妈太忙了，一般都会在厂里工作不回家。我爸中午就在家煮好饭，照顾好外婆，下午就去厂里帮我妈看看店，做一些体力活。家里的家务都是我爸做的，我家现在可以说是“女主外，男主内”了。我爸的性格和我妈的性格也是互补的，我爸做事比较慢悠悠，很细心，而我妈性子比较急，喜欢统筹大局的那种。他们偶尔也会吵架，斗斗嘴，但是感情还蛮好的。我妈在我结婚的时候，帮我用壮锦做了一套被套、一个枕头，还有一套衣服。她亲自去买布，亲自设计款式，然后亲自把图案做出来，让厂家帮我拼接成一件衣服。当时过来帮化妆的姐姐都跟我说，从来没有看见过哪一家结婚的被套那么有特色。包括司仪、婚庆公司看到了这些东西都会问我，我家还做不做这些衣服呢！我真的很喜欢妈妈为我准备的这些嫁妆。妈妈当时还用壮锦给我和我老公各做了一套婚服，但是制作的时候没有量好身材，尺码小了穿不进去。我想以后瘦了就能穿了，这些真的很有纪念价值。

2. 壮锦厂的儿时记忆

我妈在进入壮锦厂两年之后生了我，所以我从记事开始，就经常去壮锦厂。那时候外婆带不了我，而我觉得在那里很好玩，因为可以看到很多阿姨画画。我喜欢美术可能也是从小的熏陶吧。我还经常去帮她们装绣球、叠盒子、绕线筒，和以前的老厂长还有老织娘混得很熟。那时候厂里的织娘有20多个左右，每个工序都会有人负责，壮锦厂很多原材料都是她们自己做的。我记得很清楚，以前厂里有那种老的织机，有一个机子是专门绕线筒的，我就很喜欢去绕，把一根线绕到那个线筒上面，就像是转动自行车的轮子那样。以前整个壮锦厂包括了现在一楼的刺绣厂，那些都是靖西壮锦厂的场地。现在因为人手少了，下面闲置了，就把空地租出去了。

上一任的厂长叫陈晔，是一位很有经验的老厂长。她会自己画图纸，在两张桌子这么大的一张纸上点出一个一个的小格子，把图案画出来，然后再一个一个地上色，像马赛克一样，很厉害哦。她现在退休了，也不住在靖西了，和她女儿一起在外面。她也是当外婆的人了，但是精神还蛮好的，还经常出去跳舞。过年过节的时候我们也会问候她，但是见面就比较少了。还有一些退休的老织娘，我结婚的时候都来了。我妈有时候也会去请教她们一些工作上的问题。有时候我妈也会慰问一下她们，看看她们生活得怎么样。还有以前在壮锦厂工作的织娘，很多是孤寡老人，没有亲人，去世的时候也是厂里面给她们立墓。直到现在，厂里面每到清明节还是会组织人们去祭拜这些孤寡老人。只要厂里的织娘们在生活上有什么困难，我妈都会尽力帮助她们。因为在厂里面工作的都是阿姨，她们要带小朋友，但是家里照顾不来，我妈就让小孩子们来厂里面陪着她们做工，这也是比较人性化的地方吧。我觉得靖西壮锦厂里的人们就像一家人一样。有时候我回到靖西，她们还会跟我说：“李厂长最近很累呀，你也要经常回来看看她呀。”

3. 妈妈的创新

我经常陪我妈去各地参加展览，去过贵州、北京、上海、成都，还去过台儿庄。有一次我们去贵州，他们的展会做得还是蛮大的，好像叫银饰刺绣博览会吧，全国各地的民族文化都有展示。通过展览，我们从中学习到很多，知道了各地的特色东西，可以结合壮锦再创造一些新的产品出来，因为民族文化都是有共通性的。我们只有两个人，所以能拿去的东西比较少，通常是一些壮锦包包、绣球，能突出我们广西靖西壮锦厂特色的产品。最近一次是和她到内蒙古呼和浩特参加非遗展。那里有来自不同地方的壮锦，也看到了很多不同的手艺人。这些壮锦有共通的地方，也有不同的地方。这些壮锦用不同的方式去织，有些是两只脚踩在上面然后挎在腰上去织的，有一些是用竹笼机织的，还有一些对机器进行了改造。每次和她去参加那些展会，都收获满满。我认为和其他的壮锦相比，我要自夸一下我们靖西的壮锦配色。因为我觉得虽然织出来都是大同小异的壮锦，但是呢，在织出来的工艺的精细方面，还有配色方面，对我一个美术生来说，靖西壮锦的配色会比较时尚。我觉得我妈在壮锦配色方面，可能会比较适合年轻人的审美。打比方说，一个黑色的底，她可能就会选择几何图形，用强烈的对比色，但又不落俗套地去搭配。其实我也不是说其他壮锦的花纹、刺绣做得不好看，只是说在搭配方面，在制作工艺的精细方面，我觉得我们靖西壮锦做得还是蛮不错的。

老一辈的壮锦人喜欢用粗布、麻布来织锦，做出来会比较暗沉，比如你们去民族博物馆看到的很多壁挂都是这样的。现在呢，我妈妈他们就会往鲜艳方面去做，所以你看我们的壮锦都是很明亮的。我妈会自己配色，有时候配完我会给一些小建议，告诉她如果换成哪个颜色会更好一些。其实她做壮锦多了也会有自己的色感，知道不同的渐变色、比色、纯度、明度的颜色怎么样搭配才会更好看。样品做出来后，她还会慢慢修改，一点一点地把它做得让年轻人更易于接受。那些壮锦围巾也是我妈研究出来的，以前都是做那种传统的壮锦，或者被套、壁挂和包包。她做第一条围巾的时候，我试戴了，手感很硬，戴起来一点都不舒服。后来她一次一次尝试和改良，慢慢地就做得越来越柔软，颜色也变得越来越多样，也让更多的人接受了这种东西。这些尝试和创新，都是通过妈妈一点一点的积累、一点一点的探究、一点一点的研究，才做出来的。

4. 妈妈的困境

妈妈有时也会和我说一些工作上的难题，现在最困难的就是宣传。现在有很多年轻人不知道非遗，广西具有民族特色的东西，他们很可能也说不出来。像我们广西的壮锦，也不只是有我们靖西的壮锦，还有宾阳的壮锦，都独具特色。我妈也经常会和其他传承人去探讨这些事，讨论怎么样把我们的壮锦做得更好，让现代的年轻人更能接受。我妈对于自己的产品，对于自己的非遗传承工作十分热爱。但是，就算我们做得再好，如果宣传不到位，大家还是不知道有壮锦这种东西。所以她经常会问我怎么样才能把这些东西宣传出去，让更多的人知道。我们有尝试和一些宣传平台进行合作，比如把产品放到南宁一个叫“露嘟嘟传统工艺销售”的平台进行销售，还会和一些酒店进行合作宣传，但是效果好像都不太好。淘宝店，我妈也有尝试过。这些都是需要用到电脑，之前是我先生在帮助经营淘宝，但是他现在还要忙自己的工作，可能也来不及帮我妈做这些，因此淘宝店就没有人去经营，如果有客户来咨询可能要好多天才会回复。怎么能做大宣传、做好销售，这些问题一直困扰着她。目前，我们主要还是靠自己宣传和销售，在南宁开店也是希望能有更多的人看见我们的东西。

我们也有向政府申请经费，支持肯定是有的，也给我们很多机会去参加展览。但是就单说宣传力度方面，还是比较小，我们也希望政府可以多多宣传，让更多的年轻人了解靖西壮锦。现在只有一些五六十岁的人才知道靖西壮锦，很多年轻人是不了解的。我妈昨天还和我说了，让我去联系一下拍宣传片的人，她想拍一部关于靖西壮锦的宣传视频，放到各个平台去播放。我会帮她做海报，也给过她很多建议。比如要经常搞活动，让别人过来参加活动，让他们知道有靖西壮锦，但可能要吃亏一点，送一点东西，就当作在打广告，现在我们也只能通过这些途径去宣传自己。国家现在很支持非遗，但是因为靖西是一个小县城，政府的支持力度还是比较有限的。在宣传靖西壮锦这件事上，单凭我妈、家里人的力量是远远不够的，还需要更大的支持。非常俗气地说，宣传工作需要钱，包括拍宣传片、找人推广。为什么这几年贵州这方面的工作做得这么好，就是因为有政府更大力度的支持。

因为现在大众用新媒体比较多了，我们可能需要一种新的形式去宣传靖西壮锦，让传统接受新事物和新的社会形态。她有问过我怎么用抖音，也和我说过想做公众号。做新媒体要每天写推文，发送相关的新闻、相关的产品，淘宝、微信、抖音等需要长期坚持才会有人关注。但是像他们老一辈的话，可能用电脑这方面就没那么“溜”，需要有人能帮她打理这些事情，她也在物色人，但是目前还是比较困难。还有一个方面就是人手和制作周期的问题。一张壮锦的制作，看大小，有的可能需要两三天，有的可能要一个星期。如果客户需要几百条壮锦，就要提早预约。

我们要保证质量，数量方面就没法达到了。你也知道现在有很多单位订购的量很大，我们就很难满足他们的需求。如果你需要数量又要保证质量的话，就必须提前一两个月订购，我们才能完成。而且靖西又比较潮湿，这些壮锦很难保存，就需要经常去翻开透气。我妈常说宁缺毋滥，要做就要做得好，做到让客户满意。厂里尝试过扩大招人，但是招不到人。如果以后这些阿姨不干了，会织壮锦的人真的会越来越少，壮锦技艺可能真的就会慢慢地丢失。所以我们希望通过政府的大力宣传，让更多年轻人知道传承传统民族工艺的重要性，也让更多年轻人参与到当中去。

5. 眼中的妈妈

我觉得我妈的思想还是很开放、很前卫的。不管是比她年纪大的人还是比她年纪小的人，只要是在一些方面比她擅长，她都会很虚心地向对方学习，然后用到壮锦产品中去。她很善于发现我们生活中一些比较时尚的东西，用来结合我们的产品。社会发展到今天，壮锦不可能只有传统的东西了，这些传统的东西很可能难让当代人接受。对于我来说，我妈的目光是比较长远的，心境也是比较开阔的。她喜欢去逛街，喜欢看一些包包、衣服，回去之后思考这些东西能不能结合到壮锦上，运用在我们的生活中。你们应该在锦绣古镇看到了很多结合壮锦做的衣服和包包吧，这些都是她去发现，然后回来后和大家一起讨论，与一些工厂进行合作开发出来的壮锦新产品。近几年来，我也在帮她申报一些文创产品比赛，包括一些壮锦的戒指、手镯、皮质包等，都获奖了。这些都是通过她自己的观察思考，努力而得到的成果。

在生活当中，我妈性子急，有时候也很严厉。因为她觉得，如果你做一件事情，就要认认真真地把它做完，不要婆婆妈妈地一天拖一天。如果你做不好，有时候她会和你急，觉得你怎么连一点小事都做不好。但是总归来说，她还是从心里希望你能变得更好。可能小的时候我觉得我妈怎么这么凶啊，但是长大了以后发现她虽然凶，但也是真心为我好。我妈凶的时候很凶，但是温柔的时候也很温柔，主要是在生活上凶我爸比较多，其他时候都还蛮好说话的。有时候我也觉得我妈很可爱，像个小孩一样。她知道自己错了会过来和你认错，比一些不愿意认错的家长好太多了。每次我和我妈出去，别人都说我和她像姐妹一样，也可能是我妈比较显年轻，比较有气质。经常有人夸我妈虚心好学、不摆架子、平易近人。我觉得我和我妈的性格不太一样，我妈比较大大咧咧，很活泼，我可能话比较少，比较安静一些。她这个人很开朗，去到哪里都可以和人家相处得很融洽，大家都喜欢和她合作。有一次到武鸣①做民族服装，那里的阿姨就和我说，喜欢和我妈这种人交流合作，因为好说

①武鸣：武鸣区是广西南宁市辖区，位于南宁市北部。

▲李村灵（左）与女儿梁莉/素材来源：李村灵

话，沟通起来又没有障碍，也不会钻牛角尖。

我妈很想到学校里面去给学生们讲课，但可能在靖西待久了吧，普通话不太标准，所以有时候在台上会有一点点胆怯。现在有一些大学生来对她采访和交流，她很开心，希望年轻人能够看到这些民族的东西。我觉得我妈还是蛮成功的，作为家人肯定知道她一直很辛苦，这是外人很难看到的一面。作为她的女儿，我自己也很有压力，因为经常被拿来比，觉得她都那么强了，我怎么能做得太差，就会时刻鞭策自己变得更加好。

（二）织娘黄阿姨

我是2000年进入壮锦厂工作的，已经干了快20年。在我进入壮锦厂之前，李厂长就已经在厂里了，后来老厂长退休了，她就接替成了厂长。我小时候在老家看到家里人织过背带、被单这些东西，但是自己并不会织壮锦，后来因为想要找一份可以谋生的工作，而且壮锦厂的工作时间很自由，所以看到厂里招工就来了。原本我进入壮锦厂只是为了生活，后来就慢慢喜欢上壮锦了，变成了一种爱好。刚进壮锦厂时我还什么都不会，是以前的老员工手把手教我织锦的。现在老员工们大都80多岁了，已经退休，但是平时有活动时李厂长也会请她们回来参加。

李厂长这个人开朗、健谈，对待我们员工就像是朋友一样，有时也会约着一起出去吃饭，我们也愿意和她聊天。她平时挺关心我们，有人家里困难，也会去看一看、帮一帮。平时除了织锦之外，李厂长有时还会组织我们全体去外地交流学习，费用由厂里出。2017年的时候她带我们去了湖南和西双版纳，主要是去参观学习侗族的织锦还有傣族的织锦，学习其他地方的技术，用来丰富我们的壮锦技艺，我们都觉得颇有收获。

李厂长是一个十分忙碌的人，特别是她当上了国家级非物质文化遗产传承人之后就更忙了。平时不出差她会在办公室里办公，有时连中午都不回家。忙碌时经常几个月都在外面跑，出去交流学习，参加各种会议和展览，宣传和推销我们的壮锦。李厂长忙得不可开交的时候，我们都难以见到她，但是大家会在微信上进行沟通和交流。有时参加展览回来，她会有一些新的点子用在壮锦上，也会在展览上碰到喜欢壮锦的人，从而拉到新的订单。

▲织娘织锦/摄影：采访组

（三）壮族非遗展示馆职员梁丽君

为了发展旅游业，靖西市在城区里建了一座颇具民族特色的古镇。因为政府希望这个锦绣古镇能招揽一些客人，而壮锦又是属于我们靖西的一个特色，所以就给了我们一个店面。古镇早上人较少，晚上开放灯光，来玩耍的人就会多一些，所以我们一般中午才过来开门。我们壮锦厂很多领导都会来参观，但是壮锦厂在小巷子里，太偏僻了，交通也不方便。现在我们在锦绣古镇这里有一个店面，客流比较多，对于宣传我们靖西的壮锦文化也比较方便。

李厂长有时候晚上会过来看一下，我就在这里帮她看一下店，管理一下这些工艺品。我在这里工作的时间不长，这个古镇是去年12月份开业的，刚刚装修好，还能闻到那种木头的味道。以前我在外地工作，挺想回来的，因为她家里有一点事，最近也特别忙，所以我就跟她说来帮着看一下店，毕竟我们这些亲戚过来帮忙她也能比较放心。这些壮锦、壁挂什么的，我也还不太了解。我们这里的老师偶尔会教我一些东西，例如这些壁挂有什么意义、这些工艺品的由来，但是我都只是略知一二。平时店里卖得最好的可能就是我们那个壮锦包，既可以当成双肩包来背，也可以当成挎包挎着，容量还挺大的。好多人都喜欢这个包，现在店里只剩下一个了，过一段时间我们打算再做几个。还有那个壮锦围巾，也挺受欢迎的，这些东西都很有我们民族的特色，外地人来这里旅游也喜欢买。她有时候也会出去旅游，或者去其他地方开会，就借着这些机会，看看其他地方的一些特产、手工艺品，回来自己研究琢磨怎么把那些东西和我们的壮锦结合起来，进行创新。不然这些东西总是一成不变，大家也就不会太感兴趣了。比如这个绣球，以前都是圆圆的，她进行了创新，加上了壮锦元素，改良成像中国结一样，可以挂起来。还有她将银与织锦结合制作而成的耳环，我们叫它“织锦跟银的碰撞”，还在外面比赛中得了奖。

李厂长和蔼可亲，我们有什么困难她都会尽量地帮助。她虽然平时做事的时候呈现给别人都是比较轻松的一面，但是经常会忙得不可开交，其他人是不知道她背后的辛苦的。例如昨天，我们要赶做一批壮族服饰，但是衣服腰围的尺寸出了一些差错，做得太大了，我跟李厂长两个人就连夜检查，把有问题的衣服挑出来，寄到南宁修改。在我们眼中，她一直都很忙，因为在南宁也有一家店，她总是在南宁和靖西来回跑。这段时间她家里有点事，家里人都去南宁了，只有李厂长一个人在靖西。本来前几天她是要去南宁开会的，但是因为这边事情太多了，就把已经订好的车票退了。她平时在厂里什么都要管，既要管后勤，又要管销售，还要管宣传，有时候还要自己织壮锦，什么事情都亲力亲为。我觉得她是一个女强人。改革开放那个时候，国家还没有像现在这样对非物质文化遗产这么重视，我们的壮锦已经半淘

▲锦绣古镇上的壮族非遗展示馆/摄影：采访组

汰了，壮锦厂也快要倒闭了。我很小的时候她就在壮锦厂工作，那时候壮锦卖出去大家也不知道这是壮锦，了解这些东西的人也不多。最近这些年有了国家和政府的帮助，加上她自己的努力，才把壮锦厂慢慢经营到现在的规模。

（四）百色市民宗委[①]丁女士

我是从百色市民宗委过来的，4月19—20日，广西、云南、贵州三省区的民族文化交流活动要在我们百色举行。我们广西作为东道主想把绣球这种能够代表壮族的吉祥物作为大会宣传品，所以这次过来跟李厂长买一些绣球。

我来靖西工作后就和李厂长熟识了，可以说是朋友。我们在业务上常有来往，都是传承民族文化，保护传统手工艺。李厂长是国家级非物质文化遗产的传承人，这里是壮锦传承基地。壮锦代表我们靖西，也代表我们广西。我们这边也想把靖西壮锦厂这个企业做大做强，用来展现我们少数民族的传统文化和民族特色。

现在靖西的年轻人大都外出打工了，都不想做这种细的针线活，只有老人家才

①民宗委：全称“民族宗教事务委员会”。

愿意做。因为这个工作太细、太精了，所以年轻人们都不想做这种既辛苦又效率低的活。现在想学这门织锦手艺的人越来越少了，如果李厂长不坚持，不把这个织锦技艺传承下去的话，这个技术就失传了。

李厂长获得的荣誉挺多的，有很多证书、奖杯、奖状，去年评选全区民族团结先进个人的时候，我们这边也是推荐了她上去，最后她也获得了这个荣誉。所以李厂长在保护和传承民族文化方面，可以说是带头人了。

毛南族花竹帽编织技艺传承人——谭素娟

一、毛南族花竹帽编织技艺概述

（一）花竹帽的起源

花竹帽，毛南语叫“顶卡花”，即在帽底编织花纹的意思。其是以广西河池市环江毛南族自治县特有的金竹、墨竹破成竹篾，精心编织而成的。花竹帽造型精美，工艺精湛，工序复杂。在毛南族历史上，花竹帽是青年男女定情信物，女子出嫁必不可少的首选嫁妆，也是毛南人馈赠嘉宾的珍贵礼物。花竹帽的前身是“顶卡加”，“顶卡加”的篾条和编织都比较粗糙，没有花纹。毛南人把“顶卡加”编织得越来越精致，用墨竹篾在帽檐编成各式各样的花纹，并把织有花边的新帽起名为“顶卡花”。花竹帽既是吉祥、幸福的象征，也是毛南人世代良俗文化的标志。由于花竹帽工艺复杂，而且没有相关文字记录与图片记载，历代全靠老工艺匠人在戚系或嫡系亲属间口头传授与示范编织。由它衍生出的花竹帽歌、花竹帽舞、花竹帽故事形成了花竹帽文化，是毛南族文化的精髓，集中地反映了毛南族地区民间文化丰富多彩的生存发展状况。2011年5月，毛南族花竹帽编织技艺被列入国家级非物质文化遗产代表性项目名录。

花竹帽作为爱情的信物，起源于何时并未有详细的资料记载，覃自昆[①]告诉我们，在《广西通志》和民国时期编撰的《思恩县志》中可以得知花竹帽在清代已经被熟知，花竹帽是毛南族地区“出产最精致的斗笠”。因此花竹帽起源的时间，依据民间历代口传的“讲古”故事推测，约可定于明清之际。按下南乡古周村花竹帽工艺老人谭顺美所说，她家第三代祖公爷早在乾隆年间就听说了“花竹帽定情”的民间爱情故事。而早年故去的其他几个花竹帽老篾师则比谭顺美的年龄更大，他们听闻花竹帽“讲古”的时间应推溯得更远一些。

花竹帽的起源有许多美丽的传说，其中一个是这样的：相传以前有个汉族青年，是个编织能手，他走到哪里就用那里的竹子编织竹器卖，以此糊口度日。一天，他来到长满金竹和墨竹的毛南山乡，看见这么多好竹子，喜出望外，砍了些竹子，连夜编成一顶花竹帽。第二天，他高兴地戴着它上山继续砍竹，当时在山上还

①覃自昆：谭素娟爱人，目前在环江县文化馆工作。

有个毛南族姑娘正在砍竹，也是个编织能手。过了一会儿，天突然下起雨来。小伙子毫不犹豫地把花竹帽递给姑娘戴着挡雨。姑娘不好意思一个人戴，就跟小伙子一块儿戴。雨停后，姑娘突然发现帽底编有精美的花纹，心中不禁赞叹织帽人的心灵手巧，并惊喜地说道："多美的顶卡花（汉译花竹帽）!"青年见姑娘喜欢，便把顶卡花送给了姑娘。"金丝竹子根连根，恩爱情人心连心，有缘千里来相会，送顶卡花订终身。"这对不同民族的青年最后结为伉俪，在汉族青年帮助下，那位毛南族妇女把"顶卡花"编得更加精美了。青年赠送"顶卡花"的故事，在毛南山乡流传开来，他们的爱情被传为佳话，花竹帽也成为幸福吉祥的象征。从此，花竹帽作为定情信物发挥着特有的作用，这个风俗习惯便一代一代地传承了下来。①

（二）花竹帽编织工艺

1. 工具介绍

（1）油具

油盘、毛刷等。用来给帽子上桐油，保护帽子。

（2）刀具

制作花竹帽的刀具有砍竹刀、破篾刀和剪刀。刀具是找人特别制作的：砍竹刀比较大，便于砍伐竹子；破篾刀比较小，适合拿来削扁篾。两种刀在制作过程中可以混合使用。

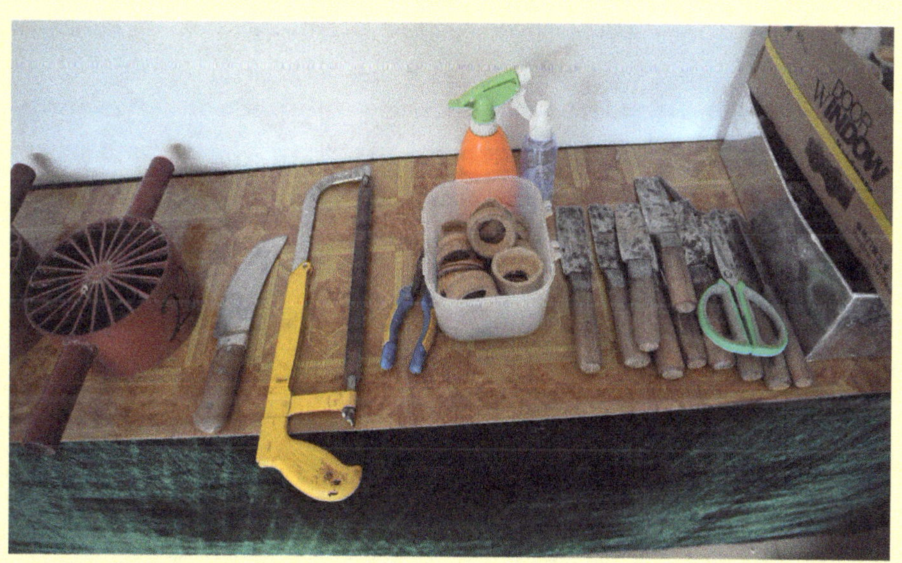

▲编织花竹帽的工具/摄影：采访组

①吕杰：《毛南族花竹帽编织工艺及文化功能考察研究》，硕士学位论文，广西民族大学，2008。

（3）帽模

帽模的功能是支撑制作花竹帽，其制作材料主要是木头。帽模的底部是一根木棍和两只脚的铁架，上面装有木制的圆锥体。用铁钉连接和固定住木棍和圆锥体，在圆锥体的表面三分之一处用彩笔画一个圈，并在圆锥体顶部固定一个水滴状铁环，帽模便制作好了。

▲编织花竹帽的帽模/摄影：采访组

2. 材料选取

（1）主要原料

制作花竹帽的原材料是金竹和墨竹，它们的韧性比普通竹子好，在编织、弯曲时不容易脆断，而且破竹制出来的篾又薄又细，光滑不刺手，很适合拿来编织农具、生活用品。金竹的竹叶呈绿色，竹竿表皮呈黄色或黄绿色；墨竹的竹叶呈绿色，竹竿呈紫黑色。它们可以用来编织花竹帽的花纹图案。金竹和墨竹常长在丘陵山坡上，它们喜光、耐阴，喜深厚肥沃、排水良好的土壤，在年平均温度不低于15℃、年降水量不少于800毫米的地区都能生长，一般分布在海拔800米以下。金竹和墨竹主要产自环江毛南族自治县下南乡(也是谭素娟老师的家乡)。下南乡位于环江毛南族自治县的西南部，属于亚热带地区，阳光充足，气候温和，境内分布有山丘陵地，海拔在200~500米，年降水量1500毫米左右，年平均气温19.1℃，适合金竹与墨竹的生长。谭素娟做花竹帽时，每次都是回到下南乡的老家，购买别人种植的竹子或者自己亲自上山砍竹。她曾经想过用环江县城附近的竹子做花竹帽，但是发现这些竹子制竹丝的时候撕不开，而且也没有金竹和墨竹那么光滑。由于现在编织花竹帽用到的墨竹很少见，所以谭素娟会用金竹涂上黑色的染料来代替墨竹。一方面，墨竹在山上自然生长，人类活动对生态环境的影响导致墨竹逐渐消减。另一方面，墨竹生长周期慢，因此没有人愿意种植墨竹。面对墨竹的缺乏，花竹帽编织者们不得不用化工染料将金竹染黑来代替墨竹。

不是所有的竹子都适合拿来编织，选取竹子很有讲究。首先选竹子时要选生长了2~3年的竹子，因为这时候的竹子韧性好，容易弯曲且不易断。竹子太嫩或是太老了都不行。竹子太嫩就很脆，容易在做的过程中折断；竹子太老就会很硬，不容易弯曲。其次身形扭曲、不匀称的竹子也不适合编织，要选修直身正的竹子。同时砍竹子也要注意季节，一般是夏至后立秋前砍最适合，因为早春时竹材寒湿太重，立秋后竹子经霜易脆断。在用砍竹刀将竹子砍倒后，简单地去除其枝叶就可以了，不需要把竹子晒干再做花竹帽。因为竹子会失去水分导致刮青时竹皮不易脱落，并且竹子韧性也会降低，在弯拱剖丝时很难制成细竹丝。

（2）装饰和保护的辅料

辅料有红绒球、红流苏、黑绸布、纱纸、桐油、染料等。用来装饰花竹帽顶的红绒球是谭素娟拿毛线制作的，包边则是按谭素娟需要的花纹专门定做。因为现在做民族服装也大量需要这些辅料，所以有人专门做民族装饰品材料批发生意。红流苏是谭素娟从柳州批发回来的，还有纱纸、桐油这些辅料基本都从市场上买来。

3. 编织流程

（1）破竹制篾

将选回来的竹子锯成长度合适的竹段，然后将竹段破成竹片，根据需要大概破为15~20片竹片；将竹片外面绿色那层竹皮去掉，也就是刮青，再把竹片刮薄后将表面修平整，金竹需要打磨抛光让它看起来更有光泽度，而墨竹则不需要；接着将每片竹片从两头分为40厘米长的若干根细小的竹丝，竹片中间保留一小段距离，让两头的细竹丝在中间粘连着，竹丝看起来像是从中间向两端辐射。根据帽子大小不同，分的细竹丝根数有所不同，大竹帽需要700根左右细竹丝，小帽子需要600根左右细竹丝，但是总体都是15片竹片制作一顶帽子。

（2）帽顶编织

做好竹篾之后就可以开始编织了。首先用制作好的竹篾编帽子的框架，从帽子的尖端开始编，用5根竹篾编成一个五角星的形状，再在五角星的下面叠加5根竹

▲谭素娟在编织花竹帽 / 摄影：采访组

篾继续编五角形。帽子的顶端就是由多个五角形组成的，帽子越大，需要编的五角形就越多，一个正常大小的花竹帽有200多根竹篾打底作框架。

（3）帽中间编织

首先把2根竹篾上的细竹丝根根交叉，在它们交叉后形成的上下之间的间隙中放入一根2～3米的细长扁篾，再继续将细竹丝根根交叉，加入扁篾，让扁篾围着一圈圈编，一直重复交叉、围编即可。帽子中间非常细密，是整个编织中最容易出错的地方，谭素娟老师在编织的时候会停止与他人交谈，全神贯注，如果出错了需要拆掉重新开始编。

（4）帽底编织

帽底的编织主要是编织花纹图案。花纹图案不同，编织的方法也不同，编织的方法是靠口口相传或者自己在脑子里构图，并没有纸张记录。谭素娟老师在教学员们传统的菱形花纹编织时，有一个口诀：

▲编织中的花竹帽/摄影：采访组

第一圈：压六抬四压六抬四

第二圈：抬四压四抬三压四抬四压二

第三圈：抬六压四抬六压四

第四圈：和第二圈一样

第五圈：和第三圈一样

第六圈：和第二圈一样

第七圈：和第一圈一样

（5）表里层合并收尾

花竹帽有表里两层，编织方法相同，表里两层合并即是阴阳结合。在表里两层中间加入花布和防水的纱纸，用针线固定好花布和纱纸，然后进行包边收尾。包边用的是传统的辫子编法。先用一根扁篾缝合表里两层，将扁篾插入表里层边缘的缝隙中，向上缠绕，再往下插入，循环往复一周即可，再用3根圆竹条插入表里层进行辫子编。

4. 纹案与规格

花竹帽传统的花纹图案有十几种，比如菱形花纹、连心结、吉祥鸟、花开四季等。由于没有图纸记录只是口头相传，很多花纹图案已经没有人编了。谭素娟老师的团队对花纹图案进行了创新，让女儿谭敏对花纹图案进行设计，再由她编织出来。谭素娟老师除了在花竹帽上编织图案，还会根据不同的设计需要给花竹帽涂上不同的颜色，所以现在花竹帽上的颜色比较丰富。

根据资料记载，在新中国成立前毛南族花竹帽的直径大小是50～60厘米，与肩同宽，刚好能遮住人的两肩是最合适的尺寸，所以花竹帽的大小会因为佩戴者肩宽不同而有所差别，但直径基本在50～60厘米之间。以前花竹帽是作为劳动时遮阳挡雨的工具，随着时代的发展，花竹帽的功能也在不断变化，由遮风挡雨的雨具和定情信物变成展品、表演道具等。花竹帽的规格型号也在发生变化。现在的花竹帽大小规格主要是根据求购者的要求来制作，其次是根据制作者的喜好来制作，其规格主要有以下四种：

大：50厘米×15厘米　　中：40厘米×15厘米

小：30厘米×15厘米　　微：20厘米×15厘米

5. 装饰与保护

根据需要，在帽檐周围可以挂上红流苏，帽顶粘上红绒球做装饰，还可以用彩色颜料在帽子上画出花纹图案，让帽子看起来赏心悦目。谭素娟家里有一顶存放了10年之久的帽子，之所以能保存那么久，是因为在做帽子时制作者会给帽子表层涂一层桐油。桐油可以防水，保持帽子的颜色，在帽子表里层夹放防水的纱纸和花棉布，这样做出来的帽子不仅可以遮风挡雨，还能长久保存。

▲谭素娟老师家中展示的花竹帽 / 摄影：采访组

二、采访手记

时　间：2019年1月18—21日、7月5—7日

地　点：河池市环江毛南族自治县谭素娟花竹帽编织技艺工作室

采访人：黄兰红、王甜甜、赵李静、覃港媚、张婷、赵康怀、郭翔宇

环江毛南族自治县位于广西西北部，下辖12个乡镇、148个行政村（社区），居住着壮、毛南、苗、瑶等多个少数民族，总人口37.87万。环江是全国唯一的毛南族自治县，全县毛南族6万多人，占全县总人口的15.86%。一直以来，我们都听说毛南族编织的竹器工艺精湛，尤其是著名的花竹帽，精致、美观又实用，既是手工艺品，又是姑娘们珍爱的装饰品，因此我们对其充满了向往之情。从南宁到环江约300公里，自驾大概需要4小时。从冬天到夏天，我们探访了这座小县城2次，感受了不一样的自然风景和风俗习惯。

谭素娟老师是环江毛南族自治县的一名竹编传承人，同时也是国家级非物质文化遗产代表性项目代表性传承人，至今学习与制作花竹帽已经有20年。20年来，她与花竹帽结下了不解之缘，花竹帽制作是她的全部事业，她以花竹帽为荣，花竹帽为她增光添彩！通过本次采访，我们进一步了解了花竹帽是如何改变谭素娟老师的生活，她又是如何让花竹帽在非遗的舞台上大放异彩的！

▲采访组与谭素娟（左三）在工作室合影/摄影：采访组

三、毛南族花竹帽编织技艺传承人自述

◎人物名片

谭素娟，女，1967年9月生，广西环江人。2009年6月，被授予“广西壮族自治区非物质文化遗产项目代表性传承人——花竹帽编织传承人”称号；2010年10月，被广西民间艺术家协会授予“广西民间工艺大师”称号；2014年12月，在第六届广西工艺美术大师评审中，获得“广西工艺美术大师”称号；2014 年，获广西壮族自治区二轻城镇集体工业联合社授予的“广西工艺美术大师”荣誉称号；2015 年，获河池市文化广电新闻出版体育局授予的“市级非物质文化遗产项目毛南族花竹帽编织技艺代表性传承人”称号；2016年，广西艺术学院设计学院特聘她为“民间工艺大师”；2016年，广西壮族自治区文学艺术界联合会授予她“广西民间工艺大师”称号。2017年12月28日，入选第五批国家级非物质文化遗产代表性项目代表性传承人；2019年，获中华非物质文化遗产保护中心授予的“国宝级非遗大师”称号。

▲“国宝级非遗大师”荣誉称号/摄影：采访组

近年来，谭素娟老师凭借自己对花竹帽制作的兴趣以及个人的不懈努力，创作出许多富有毛南族文化特色的花竹帽作品，这些作品在各类区级及全国性大赛中荣获嘉奖。2012年，获首届中国(黄山)非物质文化遗产传统技艺大展银奖。2013年，获广西工艺美术作品“八桂天工奖”银奖。2014年，获第三届中国非物质文化遗产博览会优秀传承人展示奖。2016年，获广西壮族自治区人民政府办公厅颁发的广西壮族自治区艺术作品展览优秀作品奖，广西工艺美术协会颁发的广西工艺美术作品“八桂天工奖”金奖。2017年，获第52届全国工艺品交易会“金凤凰”创新产品大奖赛金奖。2018年，获首届中国·芒市非物质文化遗产技艺展活动表现突出奖，第53届全国工艺品交易会“金凤凰”创新产品设计大赛奖铜奖，同时获荣程集团颁发的2018创意之星奖，并在第十四届中国(深圳)国际文化产业博览交易会中获“中国工艺美术文化创意奖”铜奖。2019年，在第54届全国工艺品交易会上荣获“金凤凰”创新产品设计大奖赛优秀奖。

▲谭素娟/素材来源：谭素娟

我与花竹帽的不解之缘

（一）生长环境使然

分龙节是毛南族的一个盛大节日，它的重要性就像汉族人们过春节一样。我是在环江县（1986年改为环江毛南族自治县）土生土长的毛南族人，从小受到本民族文化的影响，深知本地区本民族文化。每年的农历六月二十九日，也就是分龙节这一天，人们都会穿着毛南族的服饰，戴着家里编织的花竹帽到一个聚居地去跳舞，男女青年对歌，以此庆祝丰收。小时候，我很少能像大人一样在如此重大的节日上手舞足蹈，但在一旁的我早已被自己民族的服饰和花竹帽深深吸引，特别是花竹帽上独特的图案和样式。从小我就听妈妈说花竹帽是陪嫁的嫁妆，女孩子家一定要有一顶花竹帽当嫁妆，如果哪家没有，就会有一种跟不上人家的意思。结婚当天，我们女方会穿着本民族的服饰，戴着花竹帽出嫁。花竹帽在男女青年谈情说爱的时候也会被当做定情信物，看中了就把帽子送给对方。以前我们哪个女生拥有花竹帽是一件很高兴很自豪的事情，上街赶集都会戴着去，过节日的时候也会戴着它跳舞。因此我在很小的时候就知道花竹帽是作为有情人的信物，是幸福吉祥的象征，由此便结下了与花竹帽的不解之缘。

正值桃李年华的我像同龄女子一般嫁到了夫家，开始了人生另一段生活。由于生活困难，养育子女的负担不堪重负，于是我尝试着做一些生意以此来贴补生活。从最开始开一家理发店替别人理发，然后接着在圩上摆摊卖小孩和老人的衣服等，几乎小商人做的生意我都尝试过。在下南乡（谭素娟的老家）时我就喜欢跳舞，跳舞时要戴上花竹帽，加上花竹帽精致漂亮，自己小时候在家人的影响下又接触过花竹帽，所以越来越喜爱花竹帽，戴着花竹帽跳舞也成了自己生活娱乐的一部分。同时我也萌生了动手编织花竹帽，把花竹帽带到圩上卖的想法。但由于自己手艺不精，花竹帽的制作并不是很成功，所以编织花竹帽只是一个副业和业余爱好。

▲花竹帽 / 摄影：采访组

（二）拜师学艺

早年间花竹帽在自己心底种下的种子日渐开花，我便开始寻思着找一些能够教自己编织花竹帽的手艺人，实际上没有自己想象的那么简单。我发现能够完整编织出一套花竹帽的人几乎没有几个人，技艺纯熟的也只有一位叫做谭顺美的老人。花竹帽采用毛南山乡特产的金竹和墨竹编织而成，工艺复杂，难度大，没有任何文字记录与图片说明，仅凭各村老工艺匠人在直系或嫡系亲属间口头传授与示范编织。因为花竹帽编织耗费时间长，销售渠道少，见不到眼前的经济效益，年轻人根本没有动力去学。在有40万人口的环江毛南族自治县，只有80岁高龄的毛南族老人谭顺美坚持着。谭顺美老人非常希望用一生守护的“独门绝技”能够流传下来，让花竹帽编织手工艺获得新生。于是我便叫上自己的一些朋友，朋友再带上朋友，组成了一个30多人的花竹帽制作学习班，由谭顺美老人教授大家制作花竹帽。但学习编织花竹帽需要很多时间和精力，大家从开始的充满热情渐渐变成了疲倦，最后变成觉得学习编织花竹帽是不务正业，浪费时间，倒不如把学习的时间拿去赚钱，于是学习花竹帽的人数越来越少。从30多人的一个班变成了20人，最后变成不到10个人。在学习中，学生的热情很重要，但更重要的是老师的教学态度与耐心。谭顺美老人教我们学习编织花竹帽只是最原始的教学方法——口头教学，许多人都听不懂，我自己也是一知半解。由于人数较多，谭顺美老师不便于手把手教学，只能叫我们围在一起，她在中间进行编织演示，因此成效不大。谭顺美老人性格比较直爽，教了我们几遍都学不会，便生气不想教了。学习中，我也碰到了许多困难，由于花竹帽的原料是竹子，需要拿小刀片把竹子削成小细片，手常常会被小刀割伤，留下许多难以恢复的伤疤，自己也曾哭过。刚开始，我总是半知不解，第一期的学习没有得到满意效果，还是觉得有必要进一步学习，于是放下自尊心继续向谭顺美老人请教与学习。谭顺美老人见我如此虚心和有毅力，便想把她一生的“独门绝技”传给我。此时只有我一个人向老人学习请教，所以她能够手把手一步一步地教我。我自己回家后不断地摸索和加强练习，从花竹帽的图案再到花竹帽的整体结构，都不断进行研究，加上自己编织底子好，不久就学会做花竹帽了。学会后我很高兴，当天晚上就加班加点做出了自己人生中第一顶亲手编织完整的花竹帽。在此之前，我曾和村里人以及邻居交流要从事花竹帽编织工作的事，村里人觉得我做花竹帽没有多大用处，挣不到钱，之后也没再和我过多交谈花竹帽的编织技艺。我决心从事这项事业后，也曾到处碰壁，私底下流过不少眼泪，但始终没有放弃编织花竹帽。我学会编织花竹帽的事情在当地流传开来，开始有第一批人找我制作花竹帽，但他们对我的手艺并不是很有信心。一周后，我把第一批花竹帽的订单全部完成，虽然做得并不是很精致漂亮，但还是得到了大家的认可，也拿到了编织花竹帽的第一笔钱，自己感到很开心。我在河池合唱团工作之后又做了差不多一年的花竹帽，得了一笔收入。直到现在还一直有人找我做帽子，虽然也有人想和我一样靠编织花竹帽赚一份收入，但大多数都学艺不精，技艺“半桶水”。我很满足自己的现状，希望能把花竹帽一直做下去，同时能把该技艺传承下去。

▲编织花竹帽/素材来源：谭素娟；摄影：张小宁

家人的支持与鼓励

我与爱人覃自昆老师共育有二女。长女长期在南宁市做生意，目前在防城港市发展自己的事业，她对花竹帽编织技艺了解不多。次女则因为从小对花竹帽编织充满兴趣，所以留在我身边学习花竹帽编织技艺并加以创新，以花竹帽编织为主业，立志将花竹帽编织技艺传承下去。丈夫在环江县当地的文化馆工作，主持创办非遗培训班以及从事与非遗相关的工作。

（一）女儿的支持与传承

我的女儿覃敏现在是花竹帽编织技艺的市级传承人，目前在环江毛南族自治县艺术团工作。由于当地编制问题，环江毛南族自治县艺术团与当地非物质文化遗产保护中心合并，所以平时工作也比较忙碌，这段时间（2019年1月）更是忙于排练节目。她由于从小在我身边长大，看着我编织花竹帽，觉得花竹帽很美，对花竹帽编织有浓厚的兴趣，所以想尽自己的力量去保护和传承毛南族独具特色的花竹帽文化。在她小时候我会教她一些简单物件的编织，所以她有一定的竹编基础。她参加艺术团以来，花竹帽多次被运用于自己的舞台艺术表演，因此她对学习花竹帽编织的兴趣也逐渐加深。她真正开始系统地学习花竹帽编织是在2013年，因为从小便在我身边学习，耳濡目染，对于花竹帽的选材制作等一系列的流程都十分清楚，所以她会比其他学员学得更快，也编织得更为精美。再加上她勤奋和天资聪颖，刻苦认真的钻研，她从开始学习到完全掌握编织技艺仅用了一段很短的时间。2018年，我带着她一起去广西艺术学院进行教学，也曾去过南宁一中进行授课。在进行教学的过程中，我们一般都是直接拿花竹帽去现场进行讲解，很少制作PPT来讲课，学生们也会很热情地围观。但他们也仅限于了解这门技艺，很少会有学生选择学习这门技艺。

由于女儿比较年轻，有很多新的想法、新的点子，有着年轻人特有的创造力和这个时代所赋予的创新意识，所以我大部分关于花竹帽的衍生产品创新都是来自于她。比如我家中的花竹帽落地灯、花竹帽台灯罩、花竹帽小背包、花竹帽挂饰，花竹帽花纹创新等都是在她的帮助下创作的。女儿对编织很有想法，我自愧不如，她给了我很多的帮助。女儿之前在移动公司上班，后来学习了花竹帽编织技艺后就到县里的非物质文化遗产保护中心工作。工作转换后，她的心思基本都

▲谭素娟（右一）与女儿覃敏/素材来源：谭素娟；摄影：张小宁

在花竹帽的编织和创作上，有更多的时间和精力去思考和创作花竹帽，更好地提高自身的花竹帽编织技巧。女儿很聪明，学东西很快，而且还有很高的创新热情，是我工作上很好的搭档。她平时会协助我开展花竹帽编织培训班的工作，在培训过程中她也是希望坚持下来的人能够多一些，这样对于花竹帽编织技艺的传承和创新也是有很大益处的。她对电脑技术的运用比较熟练，时常进行一些花竹帽编织图案的设计，主要负责设计花竹帽的花纹图案和新的造型，然后再结合从我这里学到的花竹帽编织技艺，进行一些艺术创新。她虽然没有系统地学习过绘画和平面设计等相关课程，但自学能力强，善于琢磨、思考和钻研，有了新的创作想法会和我一起商量，将想法化为实践，从而创作出一系列花竹帽的新产品和衍生品。尤其是最近两三年，女儿主动参与到我的创作与编织工作中来，给了我很大的帮助。她对花竹帽编织不断创新，体现出年青一代对学习传统文化和传统技艺的热情，能够让花竹帽结合时代展现出新的生命力，这对花竹帽的保护和传承起到很好的示范作用，我感到很欣慰。

（二）爱人的鼓励与坚持

我的爱人覃自昆也是下南乡人，但不会编织花竹帽。他以前在下南乡的时候主要负责民族研究工作，挖掘出很多铜鼓，还有很多与民族文化相关的物件，目前在环江毛南族自治县文化馆工作。他对我帮助很大，当初也是他劝我去学习花竹帽编织技艺的。尤其是在我坚持不下去的时候，他给了我很大支持与鼓励。他平时负责花竹帽项目的申报以及开办非遗培训班，宣传我们的花竹帽文化。他在毛南族花竹帽申遗的过程中出了不少力，从准备申遗材料到申遗成功，都离不开他的辛苦付出。他十分热爱毛南族文化，经常对外说虽然自己对花竹帽的编织流程熟悉，但并没有打算亲自学习花竹帽编织技艺，因为他觉得自己更擅长做毛南族花竹帽的推广宣传和培训工作，编织技艺的传承还是要留给年轻人。他除了积极协助我开办花竹帽编织技艺培训班之外，还帮助我申报各级非遗传承人，真的是给了我很大帮助。对于我在花竹帽编织技艺上的付出，他很支持，也很自豪。我希望和他一起共同努力，让我们的民族文化传承下去。

▲谭素娟（左一）与家人们/素材来源：谭素娟

带着花竹帽走出大山

▲带着花竹帽参展/素材来源：谭素娟

2004年，在环江县政府的支持下，我和我爱人开办了一期培训班。刚开始还有挺多人来学习，这些人觉得学成花竹帽制作技艺之后，希望能和我一样通过编织花竹帽赚钱。但是这些人不久就觉得学习过程无趣，且花费很多时间，也很费眼睛，所以能坚持下来的人越来越少，最后也就剩10人左右坚持到最后。尽管如此，我们夫妻二人并没有放弃开办培训班。直到2019年，我们一共开办了14期培训班，那些参加过培训班的学员，最后也就十多人期望做些辅助工作，多数人还是选择外出打工或是回家务农。2018年，我成功申报国家级非遗传承人，这与我先生的努力与支持分不开。申请国家级传承人最少要有25年的传承技艺，我从申请县级传承人再到市级传承人，最后到国家级传承人花了许多年的时间。有时候我也会觉得做这个太累了，太费眼睛，自己快看不见了，不想做了，但是一想到我们环江是唯一的毛南族自治县，自己又是花竹帽和傩面的代表性传承人，身上肩负着任务，所以不做也得做，得把这些技艺传承下去。因此自己能坚持下来，这一切都源于我热爱本民族文化，热爱花竹帽，意识到保护和传承本民族即将消失的花竹帽编织技艺的重要性。

成为国家级非物质文化遗产代表性传承人，我的那份责任感更加强烈了，更加觉得要把编织花竹帽这项技艺和艺术创作传承下去。在环江县政府的资助下，我拥有了一个培训基地，培训的地方更宽阔了，不用再像以前一样在自己家中教授学员。我希望以后能够再多招收一些学员，然后统一教学，这样便能让更多的人把这一项传统技艺传承下去，这也是我最大的心愿。带着我编织的花竹帽，我去了许多地方参加比赛，获得了许多的奖励。由于去了很多地方比赛，我自己已经记不清具体去了哪些地方和具体的比赛内容了。唯一记得很清楚的一件事是，2018年我在非遗中心的支持下到广州参加工艺美术大师评奖。当时参赛的人很多，许多人都和我一样是国家级非遗传承人，这让我在比赛中稍显底气不足。但是出乎意外的是，评委对我们毛南族的文化十分重视，也十分欣赏我的毅力和精湛的技艺，于是我被评上了工艺美术大师的金奖。我十分高兴，在比赛现场激动地跳了起来。同时，许多对我们毛南族民族文化感兴趣的学者也来到环江，用文字记录毛南族的风俗和花竹帽的编织技艺和过程，也有许多大学生来到我家和我一起学习编织花竹帽。为了能让同学们更好地学习如何编织花竹帽和体会这一过程的不易，我带着他们进到山里砍伐制作花竹帽的原料，教他们怎么挑选好的金竹，希望他们能够深入地了解我们毛南族文化。

近年来，带着我们毛南族的花竹帽，我去到内蒙古、浙江、广东、云南、陕西、重庆等地参加各种展览比赛，甚至在县文化馆的带领下来到美国，在外国友人面前唱我们的民歌，跳我们的花竹帽舞，展示我们的民族文化。将来，我们还准备去澳洲、北京、澳门等地参加展览，让花竹帽走出我们的大山，让更多的人了解我们的花竹帽和我们的民族文化。

▲外国友人感受花竹帽编织技艺/素材来源：谭素娟

传承困境

我们环江毛南族自治县境内土地宽广，土壤尤为丰富，土壤有红壤、黄红壤等，土层大都营养丰富，自然肥力强，有机含量高，十分适合农业种植，故务农是当地人的主要收入来源。再加上环江毛南族自治县气候温和、雨热同季，天气要不就十分炎热，要不就阴雨绵绵，在这样一个雨季频频、天气炎热的季节去务农，我们需要一些辅助工具遮阳挡雨。所以，花竹帽手工制品就是在这样的需求下出现的。它有着帽子最基本的功能——遮阳挡雨，可以在下雨或者出阳的时候有效保护头部不受淋晒，脸部不被晒伤。到了1958年，人民公社化运动开展，农民们都要下田干活换取工分，以工分来换粮食。这个时候由于公社不允许买卖花竹帽，我们毛南族一大批的手工劳动者变成了农业劳动者，手工作坊也都关门歇业，谭顺美老师的花竹帽“事业”也不例外——被迫停止。虽然公社每年还是会下达编织几顶花竹帽的任务，但是慢慢地花竹帽不再像以前那样有影响力，不再是结婚时候的定情信物了。人们结婚的时候也开始不戴花竹帽了，只有偶尔务农做工的时候会戴。

经过近30年的民族文化断层，眼看着“族宝”渐渐地消失在人们的视线中，谭顺美老师作为花竹帽的传承人为此总是眉头紧锁，一直在思量着如何解决这一问题。直到20世纪90年代，谭顺美老师决定对花竹帽在保留其独特的地域文化的基础上进行改良，使花竹帽符合当代人的观念和审美。新的遮阳挡雨且成本低廉的工具——雨伞的出现，也对花竹帽的转型起到了推波助澜的作用。花竹帽的实用功能慢慢消失，逐渐转变为审美功能，正是这样的转变让买花竹帽的人突然间又多了起来，一年下来能卖出100多顶，甚至更多。所以那时的花竹帽已经作为毛南族的工艺品来销售了，而不再被当做是定情信物。当时，在整个毛南族中，能熟练编织花竹帽的只有三位老人。而随着时间的流逝，老人们渐渐老去离开人世，只剩谭顺美老师一人苦苦坚持，花竹帽编织技术再度面临着失传的危险。为了让这项千年技艺后继有人、重获新生，当地政府从2000年开始每年拨款数万元用于花竹帽工艺调查、资料整理及工艺传承培训工作。我就是在这个时候报名参加花竹帽手工传承技艺培训班，开始跟着谭顺美老师学习花竹帽编织技艺。在谭顺美老师去世后，花竹帽传承的重担就落在了我的身上。除了参加各类培训及传统技艺展演等活动，我基本足不出户编织花竹帽。说实在的，我做这个并不是为了赚钱，就是喜欢这门手艺，这代表了我们毛南族，我希望它能代代传承，实现普及化、产业化。

2019年6月5日，我们搬进了新的花竹帽编织技艺工作室。这个新工作室的场地由政府提供，位于环江县财政厅对面，分为创新设计部和编织工艺部。工作室成立之

▲2019年培训班学员合影/素材来源：谭素娟

前，我们培训班都是跟文化馆借用场地进行培训。2004年以来参加过培训的学员就有一两百人，但最后坚持下来继续从事花竹帽编织工作的也就一两个人。我觉得这是市场问题所致，因为编织一顶花竹帽需要花费大量的时间和精力，但是它的售价却不高。编织一个直径50厘米的花竹帽需要5天的时间，编织一个小小的花竹帽正常情况也需要2天时间，像我本人比较熟练的话，做得会稍微快一点。来参加培训的人大多数都是中老年人，有些年轻人认为编花竹帽100多块钱工资一天不太划算，还有就是缺乏耐心，像我每天都是从早编到晚，没有耐心做不了。为了留住学员，我还想出一些激励办法，例如在第一周的学习中，会有评奖制度，如果制作竹篾好的人会得到一些奖赏，这样的奖励制度对于学员进行下一个阶段的学习很重要，如果不评选哪个好，大家学得就会很枯燥，没有什么动力，也很难坚持下来。因为花竹帽编织是一个连续的过程，第一阶段做得不好，下一个阶段的学习就会很吃力，最终无法完成一顶花竹帽的编织，如此一来放弃的人也会很多。

我们办一期培训班所需费用由县里的民宗局[①]出，但要提前打报告申报经费。民宗局会将钱打到账户上，但并不是直接将所有经费打给我们，像学员的伙食费和补助会直接打到他们账户上，我购买材料的支出就去民宗局报账。办一期培训班的培训时间为一个月，每天都要培训，周末也不例外。2019年6月的这一期培训主要针对

①民宗局：全称是“民族宗教事务局”。

▲2019年培训班学员合影/素材来源：谭素娟

贫困山区里搬迁出来的安置点片区的贫困人员，民宗局直接到安置点进行招生宣传，所以很多人自愿来参加培训班。因为他们几乎每天都在环江电视台上看到我的作品，以及报道我在哪里参加比赛、展览，所以他们看到花竹帽很漂亮，也好奇，想来学，也想拥有一顶这样的帽子。这期培训班大概有25人，民宗局给学员们一天40元伙食费，还有40元补助，加起来就是一人一天80元。学员们自己解决住宿问题，一般大家都住附近，每天从家里来上课。刚开始培训的几天，就有几个人因为怕学不会，坚持不下去，溜走了。后来我又找几个人补上，所以培训班还是25个人。通过一个月的培训，大部分人可以完成编织一顶花竹帽。看着他们拿着自己做的帽子开心回家，我自己也感到开心自豪。培训班事情很多，我一个人管不过来，就会叫我徒弟谭秋娟一起管理。我这个徒弟年纪比我大一点，但是脑子聪明。我教了这么多人，她是其中一个会做并且能够坚持下来的人。平时她在家帮带孙子，每天送孙子上课后就基本没什么事了，我便提供材料让她在家编织花竹帽。我有时候接单很多，时间来不及，就会让她一起帮忙，现在她做的花竹帽和我差不多一样好了。但是我们花竹帽这种授艺和传承需要长时间的琢磨和融合，使得教与学难度较大，极大地限制了花竹帽的再传和延续。所以，历代花竹帽编织中的能工巧匠总是极为少数。

同时，当下许多年轻人面对大都市的繁华景象，也已经没有耐性和兴趣来学习祖上流传下来的毛南族花竹帽制作工艺了。这种工艺收入不但少，而且还要花费很多时间，无法成为主要的谋生手段。因为不能用来赚钱养家，他们许多人更愿意去外地打工赚钱，这是造成花竹帽传承人缺乏的原因之一。当然还有一些外部因素，比如有人是因为嫁到外地所以不能继续做花竹帽，但最重要的是大家缺乏要保护花竹帽文化的自觉和文化自信。大部分毛南族男性和女性并没有意识到花竹帽文化对当地或国家的重要意义，也没有意识到花竹帽及其编织技艺在传统文化中的价值，更没有意识到自己有保护这项技艺的责任，大多数人觉得这项技艺可有可无，并不重要。虽然花竹帽编织技艺面临着传承的困境，但在政府的帮持下，我相信自己能把花竹帽文化宣传出去，吸引到更多爱好花竹帽的人来学习和传承这项技艺。

创新之路

以前从花竹帽的设计到编织均由我一人完成，女儿覃敏在我的影响下也开始从事花竹帽编织工作。大部分关于花竹帽衍生产品的创新都是来自我女儿，而这些灵感都是源于生活，取材于生活。女儿因为对电脑的操作比较熟练，所以主要负责设计花纹图案和新造型，而我主要负责编织工作和培训学员。女儿的设计和我的技艺结合在一起，让我们成了工作室里的最佳搭档。

我们接到的花竹帽订单，一般来自政府采购，作为纪念品送人，还有一些人慕名前来用来收藏或作装饰品，但更多还是舞团的订单，因为表演中会用到花竹帽。单一的花竹帽销路并不是很好，所以现在我和女儿把这些帽子的编织技艺运用到当代生活中。我们的创新是在保留民族元素的基础上进行的，主要体现在花竹帽的图案上。我不仅会编织传统图案，还会把其他图案或文字编在帽子上。编写文字在帽子上，比如“福”字，难度会比传统图案要大。我在图案和花纹的颜色上也做了些改变，传统的花纹颜色单一，而我会根据不同设计的需要给花竹帽涂上不同的颜色。比如，我和女儿覃敏的作品《福禄寿喜》是在传统花竹帽上编上“福禄寿喜”四个大字，象征着幸福、吉祥、如意，我还用颜料涂出了其他花纹图案，颜色鲜艳丰富，获得了2017年广西工艺美术大师精品创作工程精品奖。我们不仅在图案上下功夫，也在花竹帽的造型上进行突破。例如用布做成花竹帽形状的挎包、花竹帽样式的挂饰以及花竹帽形状的台灯、落地灯，实现

获奖证书

谭素娟大师工作室

谭素娟、覃敏 创作的 其他编织工艺作品《福禄寿喜》，获2017广西工艺美术大师精品创作工程 精品 奖。

特发此证，以资鼓励

广西壮族自治区二轻城镇集体工业联合社
广西工艺美术协会
2017年10月

评委签名：

▲谭素娟、覃敏作品《福禄寿喜》获奖证书/摄影：采访组

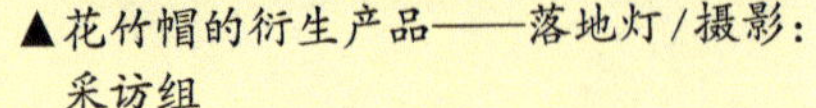

▲花竹帽的衍生产品——落地灯/摄影：采访组

▲花竹帽的衍生产品——挎包/摄影：采访组

了功能与艺术的结合。目前这些创新产品还没有在市场上流通，但大部分在展览中都获了奖。如何将产品进行市场化转化，也是我们正在思考的。

新工作室是暂时的，我们以后可能会搬到花竹帽广场那边。到时候可能就是陈列馆、工作室、培训场地等整合在一起，还可能成为我们政府对外的一个小窗口。我们目前在县城里面没有专门卖帽子的店，大家都是到家里来买。虽然大家都知道我会做花竹帽，但是现在还没有办法批量生产。如果以后可以生产更多的花竹帽，我还计划开个门面售卖花竹帽，还有其他竹编衍生品，让我们的花竹帽更能走入当代生活中去。

▲谭素娟（后排右二）与采访组合影/摄影：采访组

苗族刺绣技艺传承人——李伊园

一、苗族刺绣技艺概述

苗绣作为苗族民间传统工艺，是苗族妇女服饰的主要装饰手段，有着上千年的历史和独特的风格。

在长期发展过程中，苗绣形成了成熟精湛的多种技法和材质的巧妙搭配，以取得更悦目的观赏效果。有些技法非常独特，如数纱绣、锡绣，在其他民族中罕见。各个服饰类型都有一种至两三种主要的绣法，它与材质、纹样的变化构成各自服饰类型的刺绣风格。有些类型的刺绣，往往由几种技法配合，具有起伏的、变化的丰满表现力。绣法的大致归类，有平绣、打籽绣、布贴绣、堆绣、锡绣、挑绣。其中挑绣俗称“挑花”“数纱绣”，由于其技法特殊，形成的纹样是由几何线组成的几何图案或抽象的花草图案，而且流行广泛，因此人们习惯将它与刺绣并列相称，概念虽不确切，但它确实与别的所有的绣法区别非常明显，成为重要的刺绣种类。[①]

传说，在大苗山区的山村苗寨里有个智慧超凡的姑娘，她刺绣精美，图案别致，百里苗山远近闻名。她所绣的鲜花、飞鸟、游鱼、走兽形态逼真，栩栩如生，好比真的一样，人们叫她绣花姑娘。十里八乡的姐妹都跑来向她学习。这事传到皇帝的耳朵里，皇帝就立马派人用花轿把她抬走。当抬到皇帝家门前，绣花姑娘怎么也不肯下轿，皇帝无奈，只好上前用手去拉，绣花姑娘狠狠地咬了皇帝右手一口，鲜血直流，气坏了皇帝，被狗腿子强行拖走关进牢房里。过不多久，皇帝来到牢门前劝说绣花姑娘：“跟我吃穿不愁，有享不尽的荣华富贵，你怎么不快乐？”绣花姑娘回答说：“我要回家，死也不在这里。”皇帝没办法，限她三天内绣成一只活公鸡，才放她走。三天后，绣花姑娘绣出了一只活公鸡，皇帝看了说是家里面抱来的。公鸡发怒了，“喔喔——”一声大叫，飞跳起来停在皇帝脸上，一爪将皇帝的脸抓破，“噗噗”地飞走了。皇帝再次限她三天内绣出一只野鸡。三天后，一只绣出的野鸡飞跳起来，在皇帝头上抓脱两把头发飞走了。气急败坏的皇帝不服，又命令她三天内绣出一条活龙，不然别想回家。绣花姑娘含着泪水日夜不停地绣啊、绣啊，直到第三天，一条活蹦乱跳的彩龙绣成了。诡计多端的皇帝仍不服气，说这不是龙，是一条长虫。五彩金龙发怒了，口喷红红的火球将皇帝活活地烧死了。绣花

①钟涛：《苗绣苗锦》，贵州民族出版社，2003，第3页。

▲苗族刺绣产品/摄影：采访组

姑娘骑着五彩金龙飞上了天。如今大苗山区每当雨后出现的彩虹，就是绣花姑娘和五彩金龙化身变成的[①]。

苗族姑娘天资聪慧，心灵手巧，刺绣是她们日常生活的一个技艺。每当茶余饭后，或农闲季节，她们总是不停地绣啊绣，然后将精心绣成的绣品用来装饰衣服的衣领、袖口、衣襟、胸襟，以及小孩的背带、银帽等。刺绣品制成的衣物，色彩斑斓，亮丽多姿，耀眼夺目。苗族妇女刺绣时，一般以白色粗布为底色布，先把剪纸花样图案粘贴在底布上，然后用各色丝线按图案线条一针一线地绣上，也有厉害的姑娘不用剪样，凭着自己想象直接把图案刺绣在底布上。图案多为花草虫鱼、飞禽走兽，也有“好”字、“和”字、“福”字、双喜字等，构思巧妙，寓意深刻，形象生动。

①选自《融水苗族风情与传说》第二章《衣食住行》第十一节《苗绣》。

二、采访手记

时　间：2020年7月27—28日

地　点：柳州市融水县广西柳州彩云苗艺商贸有限责任公司

采访人：杨小君、温智纯、韦景顺、银壮已、谭英杰

在融水休息一晚后，第二天下午两点半我们便向着苗家小镇出发。今天是我们项目组成员第一次约访非遗传承人李伊园老师。在约访前，我们早早找齐了材料，写好了采访提纲，大家都十分期待这一次的访谈。在前往李伊园老师工作室的路上，风景很美，阳光正好，路过了几个景区后，我们终于到达了融水县苗家小镇上的广西柳州彩云苗艺商贸有限责任公司。我们了解到这里同时也是一个扶贫车间，是专为贫困妇女设立的一个培训中心。

一楼是作为商铺来使用的，里面摆放着许许多多民族服装和带有民族特色的装饰品，右侧的墙上挂着介绍有关非遗传承和培训中心的展示牌，前台则放着李伊园老师荣获的许多荣誉证明。三楼的房间是一间可以容纳100人左右的培训教室，教室设备齐全，桌椅十分崭新。我们来到了四楼，走进了李伊园老师的办公室。李老师很是热情，招呼我们落座后，给我们沏上了茶水，大家边喝茶边聊天。一阵寒暄过后，李老师带我们来到了一间很大的收藏室，室内摆放着很多纺织品和李老师收藏的许多古物。我们在简单的参观后，便开始坐下来和李老师聊起了她的故事。

▲采访现场/摄影：采访组

三、苗族刺绣技艺传承人自述

◎人物名片

▲李伊园/素材来源：李伊园

李伊园，女，1974年生，广西柳州市融水苗族自治县良寨乡塘苟村人，区级苗族刺绣技艺代表性传承人，广西柳州彩云苗艺商贸有限责任公司总经理，融水苗锦文化中心创始人。1991年就读广西宜州民族师范学校幼师专业，毕业后回到家乡融水县拱洞乡龙令村小学任教，担任语文、数学、音乐老师。1996年辞掉教师工作，在融水苗族自治县旅游开发公司做了4年的导游工作。1999年再次辞职，来到广西玉林至壮食品有限公司转行做销售。2000年成立融水县第一家民族刺绣厂——苗彩民族刺绣厂。2005—2014年，先后到中国人寿保险公司、新华保险公司就职，10年里从最初的业务员做到培训老师，最后到高管。2014年8月，从保险公司辞职，9月创办广西柳州彩云苗艺商贸有限责任公司。

作为融水女能人，李伊园先后获得2014年首届中国青年志愿服务项目大赛金奖、柳州市城乡妇女岗位建功先进个人、2015年柳州市三八红旗手、广西女商会优秀企业家等荣誉；2016年彩云苗艺原创作品《苗族绣画·祖国春颂》获首届中国青年公益创业大赛金奖，获第51届全国“金凤凰”创新设计大奖赛金奖；2018年获“全国非物质文化遗产保护工作先进个人”称号；2019年入选文化和旅游部乡村文化和旅游能人支持项目；2019年度被评为“全国最美基层政协委员”。

她，一位苗家女儿，为这些霓虹绣衣筑了一个归宿，是感恩，是传承。正如同苗族代代延续的征程，她用心传授，汇集百名绣娘，齐心共创，致力于传统民族文化的传承。

我的学艺生涯

（一）学艺历程

作为家里的第四代苗绣传承人，我从小便受到浓厚的家庭氛围的影响。从小学开始习艺，从一针一线到一缸一染，这一习艺路程虽然艰辛，但我从未想要放弃过。那时候还没有进行系统专业的学习，只是跟着外婆、妈妈、阿姨学习一些简单的绣花、剪纸、画画，例如肚兜上的绣花、衣领衣角边的花纹，绣得并不多。那个年代，村里边的刺绣氛围十分浓厚，家家户户的女孩子都人手一块绣布。大家常常围在一起绣花，有说有笑，十分热闹。妇女们、女孩们绣花的风景随处可见：田间耕作累了，她们便从兜里掏出一块绣布来缓解疲劳；中午吃完饭后，她们又继续躺在树荫下绣花打发时间；晚上她们点上煤油灯，围在火塘边上绣点花，这一天才算是过完。不像现在的年轻人有那么多的选择，现在的刺绣氛围反而变淡了。

我的童年生活非常幸福。作为家里面的长女，长辈们把所有的精力都集中在我身上，每年的新衣服都是由外婆、妈妈和阿姨三人共同制作的。每当穿上她们精心制作的苗家盛装去赶坡会时，我总能吸引小伙伴投来羡慕的目光。我觉得很自豪，也正是这一刻，更加坚定了我学习苗绣的决心。在我记忆里，外婆晚上干完所有活以后，便拿出绣针，在煤油灯下一边轻声地哼着苗歌，一边为我制作盛装。

那个时候，在老一辈的传统观念里面，上学读书是男孩子的事情，女孩子只要学学绣花、剪纸、画画就可以了。但令人庆幸的是，我父母的思想十分开放，非常支持我去读书，他们认为只有读了书之后，才有机会去了解外面的世界。妈妈经常开导我说，我不但要学会刺绣，还要去上学。所以，我总是利用放学后的空闲时间和假期学习苗绣，但是我从小就是个十分好动的人，时常绣花绣到一半就跑出门去玩耍了，于是我母亲便接手继续绣完。

然而我从事的第一份工作和苗绣却沾不上半点关系。直到2000年，我才重新拿起绣针，创办了我们融水县第一家民族刺绣厂——苗彩民族刺绣厂，并在这个机缘下经人介绍认识了我的师傅贾荣芳老师。那时我独自一人从融水县城乘坐卧铺车到贵州省黎平县的师傅家，路程一晃就是七八个小时，凌晨才能到达。我第一眼见到师傅的绣品后，就被深深吸引住了，心中还暗喜这一趟路程没有白跑。但那个时候我还没有正式拜师学艺，和师傅仅仅是厂家与绣娘这样的一个合作关系。后来刺绣厂由于经营不善倒闭了，我便和师傅断了联系。转眼过了十年，当我再次拿起电话，翻开通讯录，按下呼叫号码时，电话那头传来的第一句话就是“我想你了”，话语里还夹杂着一丝丝哽咽和抽泣，断了十年的情谊才得以重新恢复。

直到2015年，我才正式开启拜师学艺的道路。第二次是自驾去师傅家拜访，路上经过两个半小时的颠簸才抵达。如今，我脑海中依旧清晰地记得与师傅再次相见的那个场景：那声“师傅”刚落下，我们师徒两人便眼泛泪光，相拥在一起。那一刻我下定决心一定要向师傅好好学习，将传统民族手工艺好好传承下去，将苗锦苗绣文化的非物质文化遗产好好弘扬下去。从那时起，我就一直跟着师傅学苗绣苗锦，没有再找过别的师傅。

我们这个行业和其他行业不太一样，一般的行业三到五年可以出师，但从事我们这个行业的话，想要出师就必须要经得起时间的打磨。对于苗绣苗锦而言，虽然门槛不高，对文化水平不做要求，也没有专业等级考试，但难就难在“悟性”。

我是从最基础的绣花开始学起的，苗族刺绣大多不用打底稿，全凭天生的“悟性”、娴熟的技艺和非凡的记忆力。我们苗族姑娘学刺绣就是这样，像我师傅是这样，我外婆、妈妈、阿姨也是这样学的。学会绣花其实并不难，只要掌握要领的话几天就可以学会。但想要把花绣得灵动、绣得好看，就必须掌握扎实的基础功和成熟的绣法。首先得做到心中有画，才能“提针如有神”。其次得掌握绣、插、点、挑等不同的针法，这样绣出来的花才有层次感。最后得熟悉苗绣的每一种绣法，苗绣的绣法丰富多变，十分讲究，有平绣、套绣、锁绣等20多种绣法。

后来，我又开始学习染布。我认为染布是苗绣最为复杂、也是最为困难的一道工序。染布不同于苗族的剪纸绣，剪纸绣的话只需要剪好图案，贴在绣布上做参照物，你只要熟练了，就可以绣出一模一样的花纹图案。而染布却完全不一样，每块布料染出来的颜色都是独一无二的。每一天、每个月、每个年份染出来的布料颜色都是不同的。即便用的是同样的配方，最终效果都还是会有细微的差别。一块布料是否能够染得成功，受很多客观因素的影响，比如，季节、天气、温度等因素。其实我们苗族的染布和中国传统染布以及日本的染布有一些相似的地方，因为染料都是没有标准的。就像我们煮饭做菜一样，西式料理会精确到盐、黑椒粉等调料的克数，而我们中餐的调料单位一般采用少许、少量。苗族染布也一样，把手伸进染缸品尝味道，如果感觉味道偏辣，就可以减少草木灰的数量，蓝靛的用量也都是凭着感觉来的。

（二）老物件情怀

除了学艺绣花、染布这些基本功外，我还喜欢从一些古老的旧物中去找灵感。像工作室里这些古董柜子的都是我爸爸亲手做的，还有这些黑白电视机，按照我们当地以前的生活水平来算的话，算得上是大户人家了，现在来讲只能称得上是小康。虽然爸爸已经离开我们了，但这些物件陪伴了我的成长，全都是我童年的记忆。所以我要把它们保留下来，让苗绣融合在这样的一个怀旧复古的氛围中，就当做是对爸爸手艺的一个念想了。除了保留自家的老物件外，我还喜欢去乡下收集那些不起眼、随手扔掉的苗家竹篓、坛坛罐罐。由于我们县城修建水电站，房屋被淹的村民都搬迁到县城来住了，就丢弃了很多的酒罐子、酸菜坛子，于是我便把它们带回家。这些老物件在苗家人眼中可能一文不值，但是在我心中，拿到它们就如同拿到了珍宝一样。这些坛坛罐罐中，有的已经有五六十年的历史了。其中最特别的是一个摔了半边的破罐子，上面刻有一些辞文，我看不懂便拿去给人考证，那人告诉我这个坛子可能有八十多年的历史了。我收集的老物件还有很多。比方说，以前游行的时候举的牌子，上面画有毛主席的画像，中间还有一个粉色的爱心，爱心下面有一个"忠"字。由于被原来的主人拿来当蚊香盘用，这块牌子有一处被烧焦了。还有一个断了嘴的酒壶，虽然它有残缺，但却蕴含着传统技艺的精髓，我感觉摆在那儿很有感觉，挺好的。

▲收藏的老物件/摄影：采访组

我每当出国旅游的时候，必定会去当地的手工艺品店逛一逛，淘淘"宝贝"，一圈逛下来，收获可不小呢。我在越南旅游，恰巧路过一家日本人开的手工艺店，便被店里面的包包给吸引住了。店里面的包包是一个系列的，我觉得这种创意很独特，于是买了一个样品回来给员工学习参考。他们看了样品后突发灵感，融合苗族麻布元素，创作了一系列苗绣作品。去泰国玩的时候，我也买了很多手工艺品，价格不是很贵，和国内相比的话要更便宜。泰国纺织品的花纹和我们苗锦、壮锦很相似，我也买一些回来慢慢研究。在尼泊尔，我一眼就相中了一只棉布做的鱼玩偶，热情的店家还送了我好几个零钱包。我们融水有个节日叫作金秋烧鱼节，我打算参照尼泊尔的这只鱼玩偶的外形，融入苗绣元素，推出香包旅游产品。最近，我还在学习"手鞠绣"，这个创新灵感来源于日本的手鞠。通常来说，我们是在平面上进行刺绣的，而手鞠是一个球体，在这样的球体上绣花，难度就变大了。

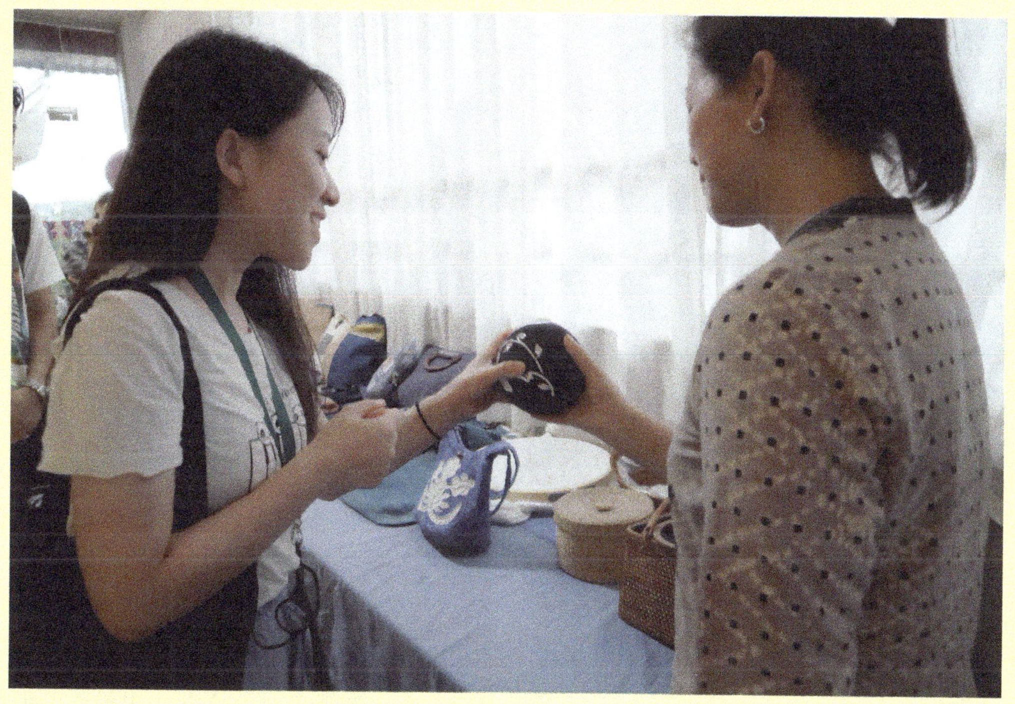

▲展示半成品《手鞠》/摄影：采访组

传承匠心，绣梦祖国

（一）苗族绣画，祖国春颂

2016年，我和妈妈合作的原创作品《苗族绣画·祖国春颂》在第51届全国工艺品交易会上荣获“金凤凰”创新产品设计大奖赛金奖。

▲《苗族绣画·祖国春颂》作品/摄影：采访组

这幅作品凝聚了我妈妈的所有心血。我们苗族读书的人很少，非常敬佩有知识、有文化的人，希望自己的小孩健康快乐地成长，长大以后成为一个有知识、有文化的人，所以她特意把“我爱祖国”“永远健康”8个字绣在了这条背带上。这条背带盖形状方方正正，色

▲《苗族刺绣·祖国春颂》获奖证书/素材来源：李伊园

彩缤纷，大面积使用了绿色、玫红色、粉色、橘色等鲜艳的颜色。背带正中央呈正方形，以蓝靛染布作为底布。苗族崇尚蓝、黑色，所以一般的服饰织布都是深色的。背带上面绣有龙、凤、蝴蝶、石榴花等图案。龙表示望子成龙，代表着我们对下一代人的期望。凤除了表示望女成凤之外，还有另外一层含义。古代人视凤为神鸟而崇拜，它是人们想象中的保护神，经过漫长的完美演化而来。凤头似锦鸡，身如鸳鸯，有大鹏的翅膀，“仙鹤”（白鹤）的脚，鹦鹉的嘴，孔雀之尾，居百鸟之首，是美好、和平的象征。凤是封建王朝最高贵女性之代表，和帝王的龙相配。民间传说中它能给人们带来和平、幸福。蝴蝶纹是苗绣中使用最多、最广，也是最主要的纹饰。蝴蝶妈妈是传说中人类的始祖之一，她庇佑着子孙，是苗族宗教文化和图腾崇拜的视觉化的呈现，也代表苗族关于世界起源的哲学思想。背带四周用花朵加以点缀，诠释苗族人对美好生活的向往。石榴花象征着多子、多财、多福，寓有子孙满堂、人丁兴旺的美好愿望。

因为我们苗族没有自己的文字，所以都是通过各种图案、意象来表示它的内涵的。像背带盖上面那些花花绿绿的花纹和一整片的图案，就是用来诠释我们对美好生活向往的这种想法。一般的话，蝴蝶、锦鸡、龙、凤、鱼、蜈蚣、飞鸟、石榴花等图案应用最为广泛。花纹主要有水波纹、起伏的山脉纹、蝴蝶纹、花蒂鸟兽纹等纹案，反映民族迁徙、生命崇拜、宗教信仰和神话传说。

（二）跨出国门，走向国际

2017年是中英建交的第45周年，这年的12月份，在自治区妇联和依文手工坊（北京）有限公司的帮助下，我走出国门，来到英国伦敦，参加中国文化部（现改名为中华人民共和国文化和旅游部）举办的中国传统手工艺文化英国行——“传承匠心·绣梦中国”活动。为了推动中国传统手工艺进入国际市场，使中国传统苗绣走进伦敦时尚圈，我带了我们基地里的一个绣娘一起去到英国伦敦。与我们一同前行的，还有广西的2个绣娘和贵州的5个绣娘，一共9个人。我们当时是到广州进行面签的，同行的绣娘有些没坐过地铁，没坐过高铁，也没坐过飞机，第一次坐高铁来

▲行走在伦敦街头/素材来源：李伊园

到广州，又乘坐十几个小时的飞机去到英国，可把她们激动坏了。举办方考虑十分周到，三天两夜伦敦行的所有费用都是由他们资助的，不用花我们自己一分钱，解决了大家在出行费用方面的所有顾虑，并且还为我们安排了一个随身翻译，全程帮助我们，完全不存在语言沟通不当的问题。

这次的英国伦敦行见证了我生命中的很多个“第一次”：第一次来到伦敦，第一次参加这种国际性的活动，第一次以苗绣传承人的身份走向国际大舞台，第一次近距离见到中国驻英国大使馆的大使、英国国家领导人，第一次见到这种高规格的大场面。我们确实深深被震撼住了。活动现场十分国际化，氛围很浓。当我和一同前行的绣娘们穿上苗家盛装走上T台时，瞬间产生了一种从未有过的民族自豪感。在场的许多外国嘉宾见到我们的苗族盛装后纷纷赞不绝口，竖起了大拇指，还主动要求和我们一起合影。他们发自内心的赞扬和喜欢，更加坚定了我从事苗绣传承事业的信念，也给了我更多的鼓励和信心。那一刻我告诉我自己，一定要将苗族刺绣文化发扬光大，一定要让更多的外国友人发现我们苗绣的美丽，也一定要把苗绣传承事业给做好来。

2019年，为了响应国家号召，庆祝“春蕾计划”成立30周年，融水县政府把献给爱心大使——彭丽媛国母的刺绣作品任务交给我们彩云苗艺非物质文化遗产传习基地。当时由于时间太赶了，献给“彭妈妈”的这幅作品仅仅用时70天就完成了。按照平时的速度的话，完成这样一幅长1米、宽1.6米的刺绣作品，最起码要耗时1年左右。这幅《春蕾绽放》水彩农民画是我们融水县农民画家张兆光根据“春

▲与时任国务院副总理刘延东（第二排右四）合影/素材来源：李伊园

蕾计划”的宗旨，以及我们广西的瑶族民族文化、生活特点而创作的。我的师傅贾荣芳带领我们基地的苗、瑶、侗、壮族等10名绣娘，以少数民族的精髓刺绣手法——打籽绣法，将“画”制成“绣品”。绣娘们一部分人白天绣，另一部分人晚上绣，终于在短短两个多月的时间完成了。

在组织大家进行作品创作的过程中，我收获颇深。首先，最令我敬佩的就是我的师傅贾荣芳了，没有她的带领，这幅作品不可能在那么短的时间内完成。因为小时候家里比较穷，师傅父亲去世得早，家里面兄弟姐妹又多，所以她从8岁起就开始绣花养家了。小小年纪的她把绣好的背带盖拿到集市上去卖，成年人卖的背带盖是30块钱，她就只卖20块钱，只要能帮她妈妈贴补一点家用，即便再辛苦也不会吭声。虽然没上过学，但是师傅的刺绣水平却是常人所达不到的一个水平，只要看过她的作品的人都赞不绝口。她熟练掌握苗绣的20多种绣法，你只要给她一幅画，或者是看一个图案，她连绣绷都不需要依托，就能立马下手绣起来。在我心中，她才是真正的大师，才是民间真正的高手。虽然她的刺绣技艺高超精湛，但是她2018年才开始申请传承人称号，现在还只是黎平县苗绣县级传承人。

其次，是大家不图名利、不图报酬的匠心精神。大家接到任务后的第一反应就是很激动，想到可以亲手为“彭妈妈”做一份礼物，都打心眼觉得自豪和骄傲，工资薪酬这方面的事情问也没问，就直接爽快地答应了。我打心底为她们感到开心，我的师傅和这些绣娘的这种匠心精神是十分可贵的。因为为“彭妈妈”做礼物这样的事情，当时是不允许媒体报道的，她们不图名利，每日黑白颠倒地将自己的一心一意绣在作品里，默默地付出，不辞辛苦，不求回报。

我参加的比赛还是比较少，但经常参加一些活动交流会和培训会，在这个过程中往往都会有一些意想不到的事情发生。我在参加全国非遗展的时候认识了一个尼泊尔的朋友。当时他来中国参展，宣传他们尼泊尔的围巾、包包等手工艺品，却不料被我身上的苗族盛装给吸引住了。他说我的帽子很霸气，衣服也很漂亮，有种中国古代皇后娘娘的那种感觉，还主动和我拍照合影，添加微信好友。虽然我不会说英文，他也不会说中文，但出于礼貌还是添加了他的微信。直到他发来第一条消息，我才知道微信原来还有翻译的隐藏功能，于是我们便一直保持交流联系，还成了好朋友，现在我们已经认识三年了。去年，我去尼泊尔旅游的时候又再一次见到了他，他十分热情地接待了我，还带我去参观了他的工厂。他在尼泊尔开了一家外贸公司，业务主要是在欧洲的一些国家。总的来说，我每一次参展都会认识一些朋友。不管是中国各地的朋友还是外国友人，我们都有一个共同的爱好，那就是手工艺品。

▲《春蕾绽放》作品/素材来源：李伊园

（三）亦师亦友，共同进步

2016年，我参加广西民族大学（以下简称“广西民大”）第一期非遗培训班，我们班有60个学员。在班级里我结交了一个非常要好的朋友——黄捷，还和他发展成了合作伙伴。他在武鸣有一家服装公司，专门做舞台服装的，现在和他几乎每年都有20万元的订单合作。后来我成了广西民大非遗培训班的任课老师，常常和学员说，大家在座的都是老师，广西民大为我们搭建这样一个平台，就是希望大家在这个平台当中得到共同交流、共同合作、共同发展的机会。在这期间，印象最为深刻的就是梁恒源学员了。他虽然是班里的唯一男学员，但他的织锦、绣花、拉丝水平丝毫不比班上的其他女学员差，而且他对于刺绣的理论知识也有非常全面的了解，比我懂得要多。印象比较深刻的，还有另一个学员，但是我不太记得清楚她的名字了，她专门制作动漫服饰。在她的邀请下，我参加了她举办的cosplay动漫服装展。在那次服装展上面，我第一次知道原来壮锦元素还可以这么玩，第一次见识了将壮锦元素融入动漫服饰这种创新玩法，很有创意，很是震撼。如果没有广西民大这个平台，我可能永远没有办法了解到她们这个圈子，更不会产生创新这样的想法。原来，把壮锦元素融入到动漫人物的蝴蝶结上，也是少数民族文化创新的一种做法。

我们苗家小镇的刺绣培训班每期都有100个学员，其中一个女孩子给我留下了特别深刻的印象。她绣花绣得非常好，画画也画得非常好，但是你怎么看都看不出，她是重度抑郁者。她只读到高一就休学回家养病了，后来准备回校前，老师让她去复诊，没想到病情比之前还要糟糕。她在这个本该享受快乐的年纪，却要承受疾病

▲给广西民族大学非遗培训班学员授课/摄影：吴兆明

的折磨，于是我便教她绣花，也算是尽自己的一点绵薄力量帮助她，毕竟绣绣花也能赚到一点生活费。她也十分信任我，什么心事都会和我说，就连手机通讯录里面也只有我一个人的联系方式。她说每次犯病的时候，就用小刀自残，有时候甚至还会产生自杀的念头。如果没有借助培训班这样的一个平台，我很难了解学员们的真实情况。所以尽自己最大的努力去帮助他们，还是比较有意义的。我以前的一个老领导时常对我说，一个人是因为备受关注而变得优秀。比方说，广西民大邀请我来担任培训班任课老师，在走上讲台前，就得提前对班级学员的基本情况做一个初步了解，收集他们的基本信息，再针对他们的情况设置相应的教学内容，做好课件，备好课，不可能说去上课的时候才临时准备。其实在做备课的过程当中，自己也取得进步，如果没有这样一个走上讲台去讲课的机会，我可能会觉得我学习苗绣的理论知识没什么意义，搜集资料没有用。所以，每一次去上课对我来说，不单单只是提升，更是我传承苗绣文化的最大动力。

关于工艺的那些事儿

（一）岁月沉淀工艺

我们融水是百节之乡，每逢芦笙节或是坡会，方圆几十里甚至是几百里之外的苗族男女老少纷纷相聚一堂，庆祝佳节。这天，苗家姑娘们精心打扮，身着节日盛装，佩戴银配饰，应和着苗家小伙们的芦笙节拍翩翩起舞，格外引人注目。人们除

▲收藏的苗族服饰/摄影：采访组

了观看芦笙表演、赛马、斗牛、斗鸡等比赛外，其次就是看哪一家姑娘的衣服最好看，衣服上的绣花最精美。在过去，由于大家都没读过几天书，文化水平普遍较低，人们评判一个女孩好坏的标准往往是通过刺绣水平的高低，而不会以文化水平高低作为衡量。就连苗家小伙娶妻的标准也是如此，如果娶到一个心灵手巧、会做衣裳的苗家姑娘，那么这家人一年到头的衣裳就不用发愁了。这也就是苗家姑娘为什么要从小学习绣花、学做苗衣的原因。

能否制作一件苗衣成功受到很多因素的影响：一是刺绣，二是裁剪，三是绣线选择，四是染布。成熟的绣法是制作苗衣至关重要的一步，怎样才能绣出一朵好看的花往往很考验绣娘的刺绣功底。我们苗家姑娘一年四季，甚至是一辈子都在刺绣，只要我们付出努力，把技术练熟，绣功自然就会提高。而且我们苗族很多都是剪纸绣，就是把图案剪好、贴好，有了一个参照物作为参考，就可以不断地量产了。其次从裁剪的角度来说，衣服版型的好坏也是苗衣能否制作成功的重要因素。当今市面上为什么一些品牌衣服的价格要比普通成衣高出好几倍，其实版型设计是最主要的原因。衣服裁剪得当，穿起来大方得体，才能吸引顾客。

在绣线的选择上，我往往选用棉线和丝线。这两种绣线的成本差别不大，但棉线的使用率相对于丝线来说要高一些。虽然丝线的光泽度要高一些，但是在绣功不成熟的情况下，比较容易起毛。例如我们在做日常文创产品的时候，由于要涉及清洗、保管等方面，所以多选用棉线，而收藏型的文创产品往往可以采用丝线来制作。如果采用丝线来绣苗衣的话，一般情况下苗衣都是不能水洗的。人们往往以为丝线的价格要高于棉线，其实不是这样的。我之前购入的一批日本进口棉线比苏州丝线的价格还要高，一个线的价格都要落到18块5毛了，而普通的缝纫线价格只是两三块钱。

至于染布的话，难度相对于其他几个步骤就要大得多了。看似最为简单的这道工序，里面暗藏的学问可多了。单单就染料来说就十分不简单了，因为染料的用量没有标准化要求的，所以这时候就要好好利用起我们的舌头来。用舌尖品品味道，酸、咸、苦、辣一目了然。排除气温、天气等这些外在因素，这一切都得靠着感觉来，感觉对了，味道对了，这缸染料就成功了一大半。如果绣花靠的是日积月累的不断描摹、不断练习，那么染布靠的就是不断摸索、不断研究，直到形成一套自我的认知。可谓是“只可意会不可言传”了。

我相信，无论这些步骤有多复杂、有多艰难，只要愿意花时间把简单的事情重复做，这个事情就不简单了。但有些步骤是花时间也是很难掌握的，老师傅也很难教的。我之前向我们农村的老师傅他们请教怎么才能染好布，他们告诉我要用嘴来尝一尝染料的味道：觉得味道偏甜的话，就说明碱不够，如果尝起来有点辣就说明碱足够了。于是我按着老师傅的说法召集所有学员来尝了一下染缸水里的味道，他们说不甜，也不辣，但是感觉有点苦。这也是我们第一次碰到这种情况：为什么这次会是苦的，要怎样去解决这个问题？于是我们决定利用pH试纸来检测酸碱度，检测后发现碱度已经够了，但染料的颜色还是不对劲，又加入一锅滚烫的粥和二两重阳酒，等到它们发酵后，这缸染料才算是做好。染布其实就如同人生一样，是一个不断遇到问题并解决问题的过程。

不过现在相较于以前，很多工序都已经简化了。例如现在的剪纸绣可以直接用机器剪了，在电脑上输入图案打印出来后，我们只要照着模样剪出来再贴好就算完成了。机器生产虽速度快、产量高，但老一辈的纯手工作品是机器生产难以取代的。老一辈绣娘的作品是根据自己的想象，靠着一针一线慢慢绣出来的，里面的图案独一无二。虽然现在也有很多绣娘在进行苗绣创新，但仅从服饰颜色搭配、花纹设置、图案样式来说，很多地方和汉族太过相似了。在我们融水各乡各镇，由于受汉族文化影响较大，有些人不太了解我们本民族传统文化，导致现在做的苗衣与传统的苗衣大相径庭。例如，随意采用珠子或者蕾丝来做点缀，用红色、黄色、绿色等彩色的飘带代替传统的蓝色飘带，裙子颜色也是太过于五颜六色。我觉得我们传统的颜色搭配最好，不管是从整体、耐看度还是高级感上来说，后人再怎么进行配色创新也还是无法超越老一辈保存下来的东西。老一辈们没上过一天学，没读过一天书，但他们搭配出来的色彩在几十年甚至几百年后还是如此耐看。

（二）传承之中育创新

随便拿一个有苗族元素的绣片来绣在我们现代的衣服上，也不能说是真正意义上的创新。按照传统苗衣的做法，这就是一种错误的制衣方式。毕竟传统的苗服讲究的是完完全全，衣服得是一整套的，绣花也是有讲究的。比如说，把衣领上的花绣在袖口上、衣襟上或者是裙角边，这都是十分忌讳的，衣领上的绣花就该老老实实地绣在衣领上。花纹在不同位置有着不同的摆放形式，比如在衣领上，花纹是竖起来的；袖子是横着的，花纹就得往上排；裙摆弧度大，花纹就得围裙摆。所以该横着贴的地方就要横着贴，不能随便到处乱贴，这就是传统服饰最基本的要求。除非不面向本地市场，在外地做这样一套有民族风的传统服饰是可以理解的，但是让本地内行人看到，就会觉得这是一种不尊重老祖宗的行为，所以对传统服装设计的原则还是要保留。

创新与民族自身的文化离不开，我们要把传统的核心传承下来。苗族是一个没有本民族文字的一个民族，过去绣娘们往往通过花纹图案来表达自己寄托的情感，每一个图案的背后都蕴含着不同的寓意。蝴蝶、锦鸡等图案通常都表示吉祥如意，石榴花象征多子多福。背带盖上面那些花花绿绿的花纹和一整片的图案，就是用来诠释我们对美好生活的向往。上面绣的“健康”“成长”等文字代表着我们对下一代人的期望，我们苗族读书的人很少，所以十分敬佩有知识有文化的人，在背带盖上绣上这些文字就是希望自己的小孩健康快乐地成长，长大以后成为社会栋梁。我们可以在传承和弘扬苗族传统文化的基础上进行现代化的设计、色彩的创新，或是做一些日常生活用品的改造。

目前我个人暂时对服饰创新还没有过多的打算，因为老一辈留下来的东西是十分珍贵的，我们将苗族传统全部抛开进行创新的话，反而是脱离了苗族传承文化，所以我个人不会去做很大的创新或者是去做大幅度的改动。如果非得进行创新，我会选择在服饰面料上进行改进。传统苗衣的布料往往是用蓝靛染成的，棉布虽然很透气，但植物染的最大弊端就是固色度没有那么好，穿在身上只要稍稍出汗就会掉色和褪色，所以我们苗族以前就有每一年都要做一套新衣服的传统。如果是一套盛装的话，穿过之后我们基本都不会去洗了，因为洗了之后就会掉色，衣服的色度就不会那么亮，就没有第一次做出来的那么好看了。现在的布料由于加入了化学用料，固色度相对来说要高很多，用来制作苗衣也会更有质感。在本着传统配色的前提下，采用现代化工布料制作苗衣，也算是一种创新。或是在原有的基础上对图案进行加工。比如说我可以以肚兜上一朵很精美的绣花作为创作灵感，从肚兜上移动到文化衫上，或是进行民族风文创产品创作。又比如说我们苗族喜欢蝴蝶，那么我就会结

▲苗族服饰/摄影：采访组

合蝴蝶妈妈的故事，采用不同的色彩把各种各样的蝴蝶来进行一系列的创新融进产品里。通过文创讲好产品背后的故事，引起人们的关注，让大家觉得购买作品后能发自内心产生一种意义非凡的感觉。我们苗族除了蝴蝶妈妈的故事外，还有很多有意思的故事，只是大多数都被人们淡忘了。趁着每次下乡培训的机会，我总喜欢去访问那些还在世的老人家，搜集他们所记得的民间故事，回来后再慢慢整理。这样不仅有利于我们的后代了解乡土文化，传播苗族优秀文化，也有利于调研的大学生深入阅读苗族民间故事，理解非遗的价值和意义，激发他们传承非遗的情感。

不忘初心，返乡创业

返乡创业前，我从事过很多工作。我的第一份工作是小学老师。1994年，从广西宜州民族师范学校幼师专业毕业后，我回到我们融水县拱洞乡龙令村小学工作，成为一名教师。那时候学校的老师比较少，所以我教的科目就相对多一点，语文、数学、音乐都教。一年后，我辞掉了工作，来到我们县里面的旅游开发公司做地陪工作。在一个机缘下，我接待了一家外企公司旅游团，后来又听说他们的新公司招人，于是在1999年我辞掉了县旅游开发公司的工作，来到了广西玉林至壮食品有限公司。后来，我不忍心看着苗绣手艺断层，又放弃了在玉林的工作，着手成立苗族手工刺绣厂，在2000年成立了融水县第一家民族刺绣厂——苗彩民族刺绣厂。然而，受机绣的冲击，加上经营不善，刺绣厂几年就倒闭了。为了还清银行的3万元贷款，2005年8月，我来到了中国人寿保险公司做业务员。3万块钱，可能对现在来讲没什么，可对当时来讲还是很挺大的一个数目。所以我下定决心去保险公司跑业务，业务跑得好，钱就赚得快，短短半年时间我就把银行债务还清了，结果在那里一待就待了10年。从业务员到培训老师，最后升职为高管，这10年来我一直没有忘记从事民族手工艺的这个梦想。2014年8月，在做好充分准备后，我再一次辞职，并在当年9月创办了广西柳州彩云苗艺商贸有限责任公司。

恰逢国家启动实施非物质文化遗产保护工程，苗族刺绣技艺被列入第一批国家级非物质文化遗产名录。这一次，我一定要抓住机会，去实现我多年未完成的梦想。我在职场生涯的巅峰时刻华丽转身，成了一名传承民族文化的手艺人。当时，我的家人都不支持我再次创业，但只要是我认定的事情，我就一定要竭尽全力去实现。我的同事也不明白我为什么要放弃那么好的工作，去干一番和保险公司工作没有半点关系的事业，他们更难以理解一个保险公司的高管，既不选择跳槽到其他单位做销售，也不选择去国企银行做管理，而偏偏选择拿起绣花针，坐在缝纫机前的决定。有了第一次创业失败的经历，10年的保险公司工作经验，实地市场调查以及

▲李伊园的办公室/摄影：采访组

一定存款，我一点都不害怕再次创业会失败。为此，我还做了一个最坏的打算，如果我再次创业失败的话，我就继续回到保险公司卖保险。当时，在我们保险销售业界，流传着一句话："保险都能做下来，还有什么不能做。"保险销售工作比大家想象中的要艰难得多，很多业务员在公司里干个一两年就干不下去了，而我干了10年保险销售工作，有丰富的销售经验和管理经验，知道如何去做市场调查，会做职业规划，哪怕我去市场卖菜，我的销售量都会比同行高。所以，我有足够的实力来完成自己的梦想。

6年的时间，公司的发展再一次证明了我当初的选择是正确的。我们公司的规模从最开始的120平方米扩大到200平方米，再到500平方米，直到现在的1500平方米。办公地点从家里搬到文化馆的店铺，再到金芦笙酒店附近的民族手工艺一条街，最后搬到苗家小镇。公司规模逐年扩大，注册资本也从最初的10万元到现在的200万元，产品销量逐年增多，其间也花费了100多万元的装修资金。苗家小镇社区，是融水县城3个易地扶贫搬迁安置点之一，占地230亩，居住着来自全县20个乡镇180多个村600多个屯的1606户，一共有6769名苗、瑶、侗等各族建档立卡贫困群众。我刚把公司搬到苗家小镇的时候，社区里面的店面几乎都关着门，还没有租出去。但是我对苗家小镇的5号楼格外满意，因为这楼的背面有山，前面视野开阔，右侧方是小学，地理位置十分优越。于是，我召集了我们县城的芦笙制作传承人、苗族服饰传承人、苗族刺绣织锦传承人、银饰传承人等20位传承人一同商量把5号楼承包下来，一、二楼做店面，三、四楼做车间。在征得大家的同意后，我们就立马向县政府、县发改委等部门打报告，希望政府给予帮助，免一年的租金。不料，苗家小镇属于集体经济，每年都要向村民分红，报告也就没有批下来。得知消息后，大部分的传承人都打了退堂鼓。加上当时小镇很是萧条，大家手头上的资金不足，又没有做好长久规划，就打消了共同合租的念头。

但是我很看好这个地方，周边集聚了县里面的很多景点。离小镇不远的地方有一个旅游景点叫老君洞，因洞中“山石离奇，溪原清邃”，成为融水八景之首，是历代的游览胜地。老君洞旁边有个国家投资4个亿打造的旅游项目，叫大苗山古城，里面设施齐全，集吃、住、娱于一体。苗家小镇再往前走的话是西洞公园。我相信，3到5年内，这一片区的发展一定会达到一个高潮。所以，我打算把公司的基地驻扎在苗家小镇，再也不搬走了，并在这里签了20年的房屋租赁合同，也把这里作为我的总店，如果业务做好了，才考虑到其他地方开设分店。

▲公司大门/摄影：采访组

彩云苗艺，最初的梦想

广西柳州彩云苗艺商贸有限责任公司承载着我的梦想，凝聚了我所有的心血。当初创办这家公司，主要是为了保护传统民族工艺，弘扬苗族文化，传承与创新苗锦苗绣的非物质文化遗产。如今看着公司一步步成长起来，我很是欣慰。

▲展示妇女培训作品/摄影：采访组

我们公司共有1500平方米，一楼是购物场所，二楼是党群活动中心，三楼是培训室，四楼是生产车间和工作室。一楼的购物场所主要分为展示区、文创区、服饰区、银饰区等4个区域。一进门便正对着我们的展示区，橱窗里展示的是一套苗族男性服饰。现在市面上很少卖苗族男性服饰了，我把这套服饰展示在店里最显眼的位置，也是想让更多人了解我们苗族的服饰文化。接着是文创区，主要销售包包、坐垫、围巾、芭比娃娃等商品，我们将苗绣元素融入到商品中，实现了传统与现代的碰撞。文创区右边就是服饰区了，在我们的服饰区，主要是售卖苗族盛装，成年女性款、儿童款的都有。银饰区紧挨着文创区，银饰区的话，就卖一些苗族头饰、耳环、手镯、项链等饰品。目前，我们公司有5名绣娘是中国共产党党员，二楼设为党群活动中心，目的就是让大家能够了解近年来党的发展和成果，希望大家更好地履行党员职责，增强党性意识。三楼的培训室可一次性容纳100人。我们每年预计培训15期，共培训绣娘1000多人，培训后的绣娘还可以与基地签约，成为签约绣娘。培训室的装修是在政府的帮助下完成的，教室里的投影设备、音响、空调、课桌椅也都是政府资助的。四楼的生产车间和工作室就是我们的非遗体验馆了，在这里每个人都可以切身体会到苗绣这个民族产品的独特魅力。

目前，公司签约的绣娘有56人，带动农村留守妇女以及建档立卡贫困妇女176人增收。她们不是职业传承人，是大苗山里的留守妇女，当中有些人甚至从来没上过学、受过正规教育，全凭由祖辈传下的传统手艺，用针为笔，以线为墨，一针一线将花鸟虫鱼变成栩栩如生的绣品。自从2019年粤桂扶贫就业车间在我们公司挂牌后，我们公司开始实行“居家灵活就业扶贫长效机制”，绣娘自由支配时间，上班时间和上班地点都不受限制，可以把活领回家做，做完后再把绣品交给公司。所以，要是绣得快的话，每月就能领到三千多元的工资。而那些既要照顾小孩又要照顾老人家，时间不太充足的绣娘，每月也可以领到五六百块的工资补贴家用。扶贫车间的建立，让苗家小镇妇女又新增了一条“家门前就业”的渠道，实现了她们从做家务到居家就业，从零技能到技术能手的转变。在培训课上，我们本地技艺精湛的绣娘现场讲解，一对一指导。上课内容也十分具有针对性，主要是一些关于刺绣技艺基础、刺绣技巧、刺绣图案设计、色彩搭配的内容。此外，只要是来参加培训的绣娘，每天还有50块钱的补贴。参加培训后，很多绣娘跑来跟我说，她们不仅技艺水平得到了提升，整个人也开始变得自信起来。

我们的产品销售实行线上与线下相结合的模式。线上销售的话，包包、坐垫、

▲车间/摄影：采访组

芭比娃娃等文创产品，以及耳环、配饰等小物件商品的销量比较好。线下销售的话，服装会卖得比较好一些。我们公司主要是走中高端客户定制的路线，政府的订单相对来说会多一些。之前县里面的芦笙队来我们店里面定制服装，因为他们芦笙队人很多，一个团队至少有50个人，所以这是一笔比较大的订单。西北工业大学也在我们公司定制了3000套的笔记本书套，基地绣娘用了将近半个月的时间才完成了这笔订单。考虑到我们的商品相对来说还是比较小众的，不像品牌服装的市场可以面向全国，甚至是走向国际，所以目前还没有计划申请商标的计划，但是我会在第一时间通过朋友圈、抖音等社交平台来发布我的新品。只要让我们这个圈子的人知道这个东西是我做的就行了，我也不需要什么版权；只要你在第一时间发布，你就是这个行业的第一人，其实很多行业也是一样，别人只认第一个人。我们一直被模仿，但从未被超越。作为一个创业者来说，目前竞争压力不是很大，因为我们公司成立得比较早，那时候大部分都是个体户。从2019年开始，才有几家公司陆陆续续成立起来，但它们主要是做电脑刺绣，也还没有形成大规模生产，而且它们与我们公司的定位和发展方向也是有很大差别的。我们公司是融水县唯一的一个政府定点采购单位，面向中高端客户群体，以传统、民族、时尚、灵巧为产品定位。所以，我跟我的团队说得最多的一句话就是：“一直处于停滞不前的状态，就一定会被超越。”我之前从事的保险销售工作就是实行末位淘汰制的，如果一直保持原地踏步，不去提升自己的话，肯定会被对手超越。

好比我再次创业一样，初期我的工作间只有120平方米，当时是用棉麻与苗族刺绣相结合做一些手工艺品，客户群体全部是我们县里面的领导或者老师。后来，我们县城广场附近的文化馆有一个非遗基地在进行招标。这个非遗基地有200平方米，政府已经帮装修好了，还是免租金的。由于店面较大，需要会管理、会销售的人去经营。在一个客户的推荐下，我的工作间就搬到了文化馆的非遗基地。2015年，

▲苗族刺绣产品/摄影：采访组

我被评为县级苗绣传承人。恰巧我们县准备在金芦笙酒店附近打造一条民族手工艺特色旅游街，县领导非常认可我的工作，免费为我提供了一个500平方米的非遗基地，于是我花了30万元进行装修，把工作室搬到了那里。我认为一个人做生意不能老是依靠政府的免费场地，三年过后，我想找一个长期稳定下来的点，于是又把工作室搬到了苗家小镇的一栋4层大楼里。

6年的时间，仅仅是公司面积就扩大了10多倍，而有些人的工作室还一直停留在三四十平方米，业务也还是停留在做苗衣上。我的业务除了制作苗族服饰，还开始进军文创产品。现阶段，虽说我的文创产品还不是做得很好，但今年下半年我打算针对融水旅游市场，打造专属旅游伴手礼，并且在做文创产品的同时，又开始筹办我的民办刺绣学校。我就这样一直保持着一种积极向上的心态，一路追随心中的梦想，勇往直前。从2014年成立到现在，公司取得了不错的发展，获得了不少的荣誉。2017年，公司被列为县旅游标准化试点企业。同年，我们公司的刺绣、织锦系列产品，被柳州市旅发委、商务委、农业局、乡村办授予“柳州有礼”特色旅游商品十大创新品牌。公司在2019年、2020年连续两年被列为县旅游标准化优秀试点企业，2019年还得到了“非物质文化遗产项目保护优秀工作平台”的荣誉。公司的现状大概就是这样了，对于未来我也做了相关的规划。

一方面，我们除了制作苗族盛装外，还打算主推童装。因为当下市场做少数民族服饰的都是针对成年女性这一群体，还没有做小孩的，所以我们今年打算推出一个系列童装。童装的受众范围更广，可以走向全国，而成年女性款的服装仅仅是针对我们本地的女性，大城市里穿少数民族服装的女性很少，市场很小。大城市的小孩经常会参加各种演出比赛，我们的苗族服装又很有特点，加上大城市的父母消费水平相对来说要高一些，所以我很看好这个市场。为了提高服饰线上销售的销量，我滋生了网络直播销售的想法，但是还没有具体的计划。一是没有线上直播的经验，不熟悉线上直播的流程；二是没有更多的时间和精力来专攻这方面；三是观看网络直播的观众素质参差不齐，话语粗鲁，随意搭讪；四是还没有招聘到线上直播的员工，不过一些老员工特别积极，非常想挑战网络主播这个岗位。考虑到各方面的因素，所以这个想法还没有落实下来。

同时，我正在筹划创办民办刺绣学校，如果申请通过以后，学校将成为广西第一家民办刺绣学校。在贵州，民办刺绣学校有很多，已经办得很成熟了。贵州当地政府还专门针对非遗手艺人和非遗传承培训这一块成立锦绣计划，给予扶持资金。我的师傅贾荣芳老师也在她们黎平县当地的刺绣学校当任课老师。但在广西的话，还没有一所这样的学校。于是我就向当地上级领导反映问题，希望政府加大扶持，重视苗锦苗绣非物质文化遗产的传承与发展。

▲苗族童装/摄影：采访组

我还有一个大胆的想法，就是开一家网红饭店。我有一家500平方米的店铺，原来是拿来办公的，现在公司搬到苗家小镇这里，所以就空着了。广西有很多酒店结合了少数民族刺绣进行装修，但是以苗族刺绣风为装修基调，与美食融合为一体的饭店还是很少的。所以我十分看好这个市场，计划投资100万元来打造一家网红饭店。装修风独具特色、菜品有特色、价格经济实惠是我的开店理念，不管是商务接待还是招呼亲朋好友，都很适合。此外，我还给自己定了一个五年计划，去乡下开一家非遗体验民宿，退休了就关掉民宿拿来养老。这个想法非常美好，希望五年内我可以梦想成真。

一根绣花针的力量

（一）传承之路

这些年来，外出务工的年轻人越来越多，加上苗绣制作过程复杂、耗时较长，传承和学习苗绣的人越来越少，很多精细繁琐的苗绣技法迅速退化、消失，传统手工苗绣技艺面临断层的危机。“背着娃，绣着花，养活自己，养活家”，这是我创办彩云苗艺的初衷和目标。苗绣技艺面临失传，作为广西柳州彩云苗艺商贸有限责任公司总经理、广西炭火行动助学志愿者协会秘书长、融水县非物质文化遗产苗族刺绣传承人、融水“爱心苗绣妈妈”的发起人、政协委员，我有这个责任和义务把苗绣传承和保护下去，并且通过苗绣产品让绣娘脱贫致富。

为此，我每次都积极向上级政府提交非遗传承与保护的提案，呼吁相关部门和社会各界人士关注我们的非遗传承保护工作，希望引起政府关注，得到政府的资金政策扶持。目前来讲，政府没有专门针对我们小微企业的扶持政策，但专门针对非物质文化遗产的保护与传承的扶贫政策还是有的。比如，2019年10月，粤桂就业扶贫车间在我们公司挂牌就给了我们8万元的扶贫专项资金。2020年4月，我们公司被设为融水县“金绣球”居家灵活就业示范基地，融水县妇联在我们公司成立“巾帼扶贫车间”，也给予了我们10万元的扶贫专项资金。今年政府计划出资300万元专项资金进行非遗传承与保护工作，目前资金已经拨款下来了，只是项目尚未落地。只要跟着国家政策走，就一定不会走错路。

在国家政策的支持下，我们县城的苗家小镇充分挖掘地方民族文化内涵，发挥民族手工业、民族特色产品加工业等传统产业集群优势，打造“居家式”扶贫车间，帮助贫困户实现增收脱贫。但是，从苗家小镇大门一直走到尽头，尽管一路风景优美、房屋规划整齐、建筑风格统一、基础设施完善，却看不出一丝丝的苗家特色。苗绣技艺传承人、民族工艺从业者要学会“抱团取暖”，携手把苗家小镇打造成独具苗族特色的手工艺品一条街。这样的话，对我们县来讲也算是一个特色，无论是大学生来调研也好，还是外地游客来旅游也好，只要是想了解少数民族手工艺的，来我们这条街就可以了解到你感兴趣的苗族文化，买到你心仪的苗族手工艺品，从而进一步将苗族文化发扬光大，助推苗锦苗绣非物质文化遗产的保护与传承。如果政府能够给予帮助，就更锦上添花了。

为了提起年轻人的刺绣兴趣，吸收新鲜血液加入到苗锦苗绣非物质文化遗产的

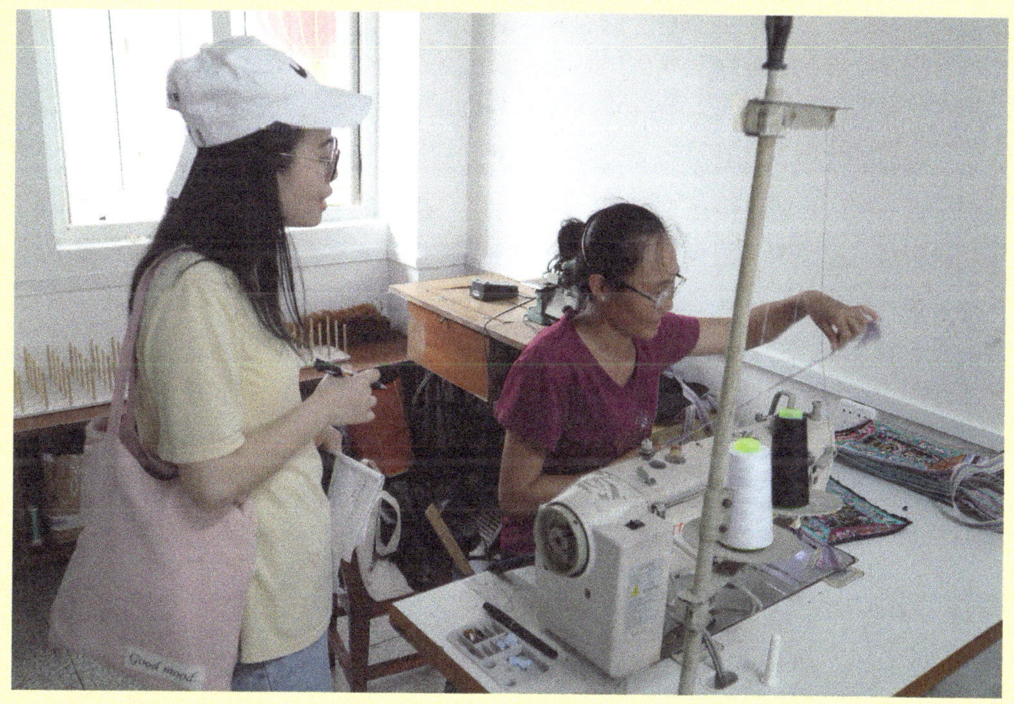

▲采访“巾帼扶贫车间”就业妇女/摄影：采访组

保护与传承队伍中来，我们基地将在假期对外开设公益性的体验课程。从头到尾制作一套苗衣需要耗费将近一年的时间，让年轻人去制作这样一套衣服是很难的，所以我们以体验课的形式进行教学，采用理论和实践相结合的方式，面对面交流，手把手操作，从刺绣选材、针法、构图、花色搭配、图案设计、制作等各方面详细讲解，激起学员对刺绣的浓厚兴趣，增强他们对苗族文化的认知，并让他们在一两个小时的短时间内完成一个小作品出来，他们还是比较喜欢的，所以一定要在课程体验这一块下功夫。刚开始报名学习的年轻人可能没有那么多，我们一期班只招收20到30个学员。免费体验、实操与理论相结合是我们开班的一大亮点。先通过体验课了解苗族文化的历史来源，在了解刺绣文化的基础上再去学习刺绣，才能使年轻人体会到刺绣背后的意义，改变对刺绣的刻板印象。接下来我们还会开办苗语、苗歌、苗故事等形式多样的苗族文化课程，发掘出越来越多年轻的苗族文化传承人，促进我们当地苗族文化更好地发展。

我是家里的第四代苗绣技艺传承人，也是苗绣自治区级代表性传承人。按照我们苗族的传承传统，外婆传给母亲，母亲传给女儿，代代相传，但是到了我这里，就打破这个传统了。我了解我女儿的性格，她比较好动，很难安安静静地坐下来绣花，所以我尊重她的选择，让她选择自己喜欢的专业，不强迫她去学习这门技艺。她现在在广西大学读书，学习矿产资源工程专业。但是她非常喜欢设计和画画，在产品创新和设计方面她很有自己的想法，这也是在以一种新潮的方式在保护与传承苗锦苗绣非物质文化遗产。

我现在已经在培养下一代传承人了，她叫韦慧英，是我们公司现在的设计师。从公司成立到现在，她从来没有离开过，可以算是公司的老员工了。从学做衣服到现在设计衣服，她的进步是大家有目共睹的。她虽然性格比较内向，平时话也不多，干活也很慢，但是勤学好问，虚心接受批评，所以成长得很快。公司的进步离不开她的付出，我想我一定不能浪费这样一个人才，于是资助她去北京服装学院进修学习。可以说如果她辞职不在我这里做了，我真的很难再找到一个像她这样的人。我平时是很少参加比赛的，但我常常受邀当评委。看着参赛作品的质量一年不如一年，服装设计创新过猛，越来越脱离传统服饰的精髓，我很是寒心，所以我非常支持我的徒弟去参加比赛，希望她用实力扭转别人对苗族服饰的看法。在我的鼓舞下，她正准备参加今年9月份的广西工艺美术大师比赛。

（二）梦的延续

有人问我："如果时光可以倒流，你希望回到哪一年？""回到我2014年。"我毫不犹豫地回答。2014年是我第二次创业的起点，也是我生命当中最重要的一个转折点。如果时光还能倒回到2014年，我还是会选择辞掉保险公司的高薪岗位，从头开始继续创业。现在回想起来，连我自己都有点欣赏当初不顾家人反对的那股拗劲。没有当初的选择，就没有今天的成就。

我觉得创办彩云苗艺商贸有限责任公司还是比较有意义的一件事。在创办公司的过程中，国家越来越重视非遗传承与保护工作，我发现自己身上担负苗绣传承的担子也越来越重。2018年，我被评为全国非物质文化遗产保护工作先进个人。这个评选五年才进行一次，全国共有99人被授予“全国非物质文化遗产保护工作先进个人”称号。我们广西有3人，一位是当时的自治区文化和旅游厅非物质文化遗产处处长刘国建，另一位是东兴市京族独弦琴艺术代表性传承人苏春发。他们当中一位是自治区领导，一位是企业代表，只有我是属于民间手艺人。我很庆幸我继续拿起绣花针从事非遗传承与保护工作，不然我可能一辈子都不可能有机会认识到这些优秀的非遗工作者，更不可能获得国家级别的荣誉。可以说，获得这样的一个荣誉对我来说是十分难能可贵的。我认为这个称号不是属于我个人的，在我们融水有很多苗绣技艺精湛的老艺人，她们的手艺比我好，但是她们没有上过学读过书，不知道如何介绍自己，也不知道如何宣传弘扬苗绣技艺，所以我觉得我走了一个“捷径”，“全国非物质文化遗产保护工作先进个人”称号是属于大家的。相比于其他绣娘来说，我的优势应该就是多读过一些书吧。俗话说“活到老，学到老”，离开校园后，我又回到了大学这座象牙塔继续学习。2008年，我去了广西财经学院学习会计专业。一毕业，我又继续在广西财经学院函授，学习市场营销专业。通过不断学习深造，我快速成长起来。在我们公司，大部分员工也都是上过大学的。我的助理是广东外语外贸大学毕业的本科生，我们公司的设计师和我徒弟虽然不是什么名牌大学毕业的，但也上过大学，是大专生，就连帮我看店的小潘都是中专生。从整体上看，我们这个团队的文化水平就比那些没上过学的绣娘要高一些了。所以，我取得这个荣誉称号和我背后的团队是离不开的。

▲获奖证书/摄影：采访组

2019年，我被评为“全国最美基层政协委员”。当时每个县城都要推选3名政协委员去参加评选，全区各县的政协委员再集中推到自治区，最终推选1名政协委员代表全区参加全国的评选。职位比我高、学历比我高、企业比我做得大的政协委员有很多，但自治区最终推选我去参加国家评选，这与苗绣传承人这个特殊的身份是分不开的。在全区的政协委员候选人当中，从事非遗传承工作的只有我一个人。后来推选到国家，最终评选出的50名全国最美基层政协委员中，也只有我一个人从事非遗传承工作，这也算是我的一个"捷径"吧。所以，别人问我"如果时光可以倒流，你希望回到哪一年"，我还是会选择2014年，还是会选择成立彩云苗艺商贸有限责任公司。

我这大半辈子，要说自豪呢，也没什么值得特别自豪的事，只能说这大半辈子干的事情都是自己愿意去干的。我认为无论是苗绣传承人、政协委员的身份也好，还是"爱心企业家""三八红旗手"这些称号也罢，我并没有把这些荣誉看得很重。我真正进入这个行业才6年，与其他的传承人相比较，还有很多不足的地方，只是我比较幸运，恰巧碰上了对的时机，抓住了机遇，才有了今天的成就。我的师傅、培训班的学员、基地里的绣娘、我的员工都是我的学习榜样，她们的刺绣技艺比我

▲与时任文化和旅游部副部长、党组成员项兆伦合影/素材来源：李伊园

▲荣誉墙/摄影：采访组

高超、刺绣时间比我要长，我还要向她们多多学习。

其实我这大半辈子最开心的事情，就是不忘初心。从小学教师到旅游公司地陪、公司职员、保险公司销售、培训师、高管，再到如今的企业家，这49年来，我辞过4次职，换过很多份工作，兜兜转转，最终还是回到了少数民族手工艺这条道路上来。有梦想就要去实现，不去尝试一把怎么知道自己会成功。当我辞掉高薪工作，继续第二次创业，重新拿起绣花针的时候，我仿佛又回到了童年时光。

四、大家谈大师

（一）女儿苏琥

我叫苏琥，今年19岁，在广西大学读书。我妈妈从事这一行业对我的影响很大，通过妈妈让同为苗族的我对自己民族的文化有了更加深入的了解，我在学校也常向我的同学朋友宣扬我们的苗族传统文化。我的很多同学因此对我们民族的文化产生了兴趣，愿意了解我们的民族文化，也顺带增加了他们来融水旅游体验文化的意愿，也使得我对本民族的文化产生自信。

我本来打算带同学来家里参观，但是因为疫情的原因没能实现。至于今后想不想继承我母亲的行业，再看看吧。因为我学的专业是工科专业，我妈妈有劝说我考虑这方面的发展，不过我觉得可能需要看未来我的机遇和规划，自己也有在考虑。我平时偶尔也会去店里帮我母亲干活，但我自己不会刺绣，只是过去打打杂这样而已，家离店里也比较远，所以我就很少去。妈妈也会带我去参加各种比赛和展会，这些给我带来了很大的影响，让我了解到传统手艺人在现代传承文化的不容易，也觉得这些非物质文化遗产需要更大的投入和适应现代的方式才能生存下去。我觉得我妈妈很了不起，一开始的各种失败都没能打倒她，并且在条件艰苦的情况下能够做到现在这样是非常不容易的。我相比她来说，现在的生活条件要更加好，所以我也不能轻易言弃，要向我妈妈学习。

（二）徒弟韦慧英

我以前学的是服装设计专业，毕业之后在联通公司上了两三年的班，之后就一直跟随李伊园做文化产业方面的工作。没来李伊园老师这里工作之前，我都不知道有传承人这样的群体，后来接触多了，信息方面也比较灵通了，才知道我们苗族文化传承的重要性。李伊园老师经常带着我们外出参加各类展览活动，让我们有机会看看外面的世界，拓宽自己的眼界。2019年，我成为县级苗族服饰传承人。在申报传承人的过程中，李伊园老师给我的帮助还是比较多的。她最初推荐我去广西民族大学非遗培训班学习，我学习回来后才有了申报传承人的想法，她特别鼓励我，并作为推荐人推荐我去申报。可以说，她是我的引路人，带动我不断地学习和进步。

▲采访合影/摄影：采访组

瑶族服饰制作技艺传承人——李素芳

一、瑶族服饰制作技艺概述

（一）瑶族服饰特点及意义

据《后汉书·南蛮传》记载，早在上古时代，自称盘王后人的苗瑶诸族就已经用兽皮来制作各种各样的服装了，“织绩木皮，染以草实，好五色衣服，裁制皆有尾形……衣裳斑斓”，这也就是现在的瑶族服饰前身。广西壮族自治区贺州市是我国瑶族的主要聚居区，瑶族人口占总人口的十分之一。贺州瑶族的支系繁多，服饰也不尽相同，但瑶族妇女自古爱绣花，闲时针不离手，代代相沿。瑶族服饰主要以黑色土布作底，用红、黄、白、绿等颜色的丝线按照布料的十字经纬制作，而后通过十字挑花反面绣制的方法制作而成，可以说“五彩斑斓”是瑶族服饰的主要特点。服饰刺绣内容主要取材于生活，有山川形、植物形、动物形、人形等。通常瑶服正中间绣的是古代就流传下来的四方“盘王印”（瑶语称为“十五节”）。据瑶族传说，把盘王印绣在衣服上，外出探访亲友、参加聚会，有“驱邪避灾，保佑平安”的作用。由于瑶族一直没有形成属于自己本民族的文字，瑶族服饰便成了瑶族文化的重要载体。从这个意义上说，瑶族服饰其实是瑶族文化的缩影与财富，是瑶族社会文化发展的“活化石”，它记载了瑶族社会文化发展的历史，是一部“无字的史书”，蕴藏着丰富的文化遗产，是中华民族重要的文化资源。在2006年，瑶族服饰被列入第一批国家级非物质文化遗产代表性项目名录。

▲瑶族男女服饰/摄影：采访组

（二）瑶族服饰制作工序

贺州有26万左右的瑶族人口，瑶族支系繁多，不同支系的瑶族服饰也有所不同。李素芳老师虽属于过山瑶支系中的西山瑶，但她在贺州收集并且能复制出来的瑶族服装有13—14种。一套瑶族服饰主要由帽子、三片式上衣、裙子、围裙、围腰、裤子、绑腿组成。这些瑶族各支系服饰最大的区别在于它们的帽子，有尖头的、平头的、穿纱的、包帕的，等等。瑶族服饰的制作工序非常繁琐，耗时极长，一般3年的时间才能完成一套完整的瑶族嫁衣，因此母亲通常会早早开始利用各种闲暇时间为女儿准备，才能在女儿出嫁时做好。瑶族服饰五彩斑斓的装饰以瑶族女性绣在绣片上的刺绣为主，可以说绣片是组成瑶族服饰最基本的部分，刺绣则是瑶族服饰重要的工艺之一。

在传统社会里，瑶族女子的刺绣手艺主要是通过女性长辈世代相传的。瑶绣被广泛地使用在服装以及配饰上面，包括男性服饰中的衣领、袖口、口袋、衣摆、围腰及烟袋等，女性服饰中的衣领、衽襟、袖子、袖腰、衣肩、衣背、衣摆、裙子 、腰帕、鞋子等。贺州西山瑶刺绣主要用黑色、蓝色的麻布或棉布作为底布，用红、黄、白、绿四种色线为材料，通过配色、分割以及拼色等方法来实现颜色的对比，最后绣出色彩鲜明的刺绣作品。西山瑶地区常用的技法是挑花。挑花又称“架花”，特点是不用事先画好图样，仅通过巧妙利用布的颜色，凭记忆与想象依据布料的经纬线入针，用十字绣的针法，一针一线挑出所需的纹饰。十字挑花绣法是以十字形构成图的基本单位，彩色挑花的步骤一般是先用白线挑好大致轮廓，然后用其他颜色依次填补，最后绣满整个绣片。在20世纪80年代之前，贺州西山瑶女孩们一般从六七岁起开始学，练习在布料上缝制简单的图案；10岁之前，学习纺纱、织布、做鞋、挑花、刺绣等执针引线技法，随着年龄的增长逐渐可以缝制更复杂的十字挑花，但一般只绣衣襟、花边、花带、脚绑带等简单品种；10至15岁，开始学习裁剪、缝补、织锦、绣花、编绣球花带、纳绣花鞋、缝绣花裙等需要较高技巧的针线活；16岁后，开始刺绣花袋、花帽、荷包、香包、头帕、围裙、披肩等定情之物，同时还要准备结婚时所穿的婚礼服饰，成家之后还要给一家人缝制衣帽、被子等；到六七十岁时，仍手不离针线。西山瑶刺绣通常以大红色或深红色为主调，再用黄、白、绿、蓝、粉红丝线镶边，与底布色彩形成强烈对比，绣后的服装精美鲜艳。

▲绣花篮/摄影：采访组

参考文献

[1] 玉时阶，梁汉昌. 瑶族服饰[J]. 民族艺术，2020（01）：113-116.
[2] 孔涛. 贺州黄石西山瑶服饰艺术研究[D]. 广西民族大学，2018.

二、采访手记

时　间：2020年7月31日—8月1日
地　点：贺州市八步区步头镇黄石村
采访人：杨小君、廖学君、覃稚婷、吴雅妮

我们走出贺州汽车站时，在接送的车子里见到身穿瑶族元素衣裙的李素芳老师向我们热情地打着招呼，仿佛贺州这座城市变得分外亲切了。午餐过后，李素芳老师带我们前往她经营的瑶族文化体验馆参观。一下车，我们就看到该馆的二、三楼

▲瑶族文化体验馆大门/摄影：采访组

外墙展示的李素芳老师带着众人身穿五彩艳丽的瑶族服装的巨大宣传照。这里不仅是国家级非遗项目瑶族服饰的生产性保护示范基地，也是我们广西民族大学的实践教育基地。瑶族文化体验馆的前身是李素芳老师苦心经营了十多年的瑶族服装店，如今它已从一个单一的民族服装店变成集瑶族服装、瑶族药浴头疗和瑶族服装设计于一体的瑶族文化体验馆。

带着好奇心，我们走进了瑶族文化体验馆。刚进入到馆内一楼，我们就被丰富的各类瑶族特色传统服饰和手工艺品迷住了。一楼大致分为三个区域，右边是瑶族服装区，除了传统的各式瑶族服装外，还有利用瑶族特色元素设计出来的日常装；中间是长桌会客区，我们进来的时候正好看到有绣娘在专注地绣鞋子；左边是手工艺区，展示着极具瑶族特色的包包、耳环、手镯等手工艺品。李素芳老师介绍道，一楼主要是作为瑶族服装展示和线下销售的门店，二楼是瑶族人家祖传的草药调制的药浴区，三楼主要是作为公司日常办公、服装设计和刺绣培训的区域。我们不禁惊叹这个瑶族文化体验馆丰富的内容和先进的创业理念！瑶族的服装、药浴、刺绣技艺，人们在这里都能体验到。

随后，我们的车子开进了瑶山，来到了黄石村李素芳老师的家中。在其母亲的工作室——广西工艺美术大师李小莲工作室的二楼，存放着这些年来李素芳老师和她丈夫刘德敢一起踏遍各地村寨收集而来的各式瑶族传统服装和手工绣片。倚着二楼窗户，李老师一边细心地整理着一顶瑶族帽子被微风吹乱的穗丝，一边告诉我们这些服装的绣片是怎样被一点点从不同村寨收齐，又是怎样一点点将它做成完整一套服装的。那些骑着简单代步工具穿梭在瑶山深处走村串寨收集瑶服的日子，光是听描述都不免觉得辛苦。可是李素芳老师在讲述因瑶族服饰而起的人生经历时，目光坚定而温柔，脸上流露出的是发自内心的笑容。一点一滴的回忆，汇聚成一个个鲜活感人的故事：节俭的瑶族老人家为瑶服“一掷千金”、重病绣娘临终的心愿、对绣娘善意的谎言……

这次与李老师相见，不仅让我们深入了解到瑶族的服饰文化，更让我们理解了瑶族人自身对民族文化传承的执着。这位瑶山深处传奇女性的故事，和瑶族人的歌声一样动人，和瑶族的服饰一样多彩。虽然她十分年轻，脸上永远带着瑶族少女般纯朴、甜美的笑容，为人淳朴、可爱又热心肠，但我们对她却由衷地感到敬佩。这个毅然放弃城市工作和生活回大山创业并带着六百多个绣娘绣出一番事业的瑶族女性，在她肩负起非遗传承人这个民族文化传承的担子时，便已足够受人尊称她一声“老师！”我们看到她的眼里始终带着光，闪动着对瑶族服饰文化传承的不灭之火。

▲国家级生产性保护示范基地/摄影：采访组

三、瑶族服饰制作技艺传承人自述

◎人物名片

李素芳，女，1979年出生，瑶族，广西贺州市八步区步头镇黄石村人，中专学历。李素芳从小跟随母亲李小莲学习刺绣技艺，1999年中专毕业后，曾有几年时间在外打工。2004年，李素芳回到贺州，开始经营母亲的瑶族服饰店，从此走上瑶族服饰文化的传承之路。2016年曾主持国家艺术基金会资助的手工绣制瑶族传统尖头服饰的项目，于2019年成为国家级非遗项目（瑶族服饰）自治区级传承人和贺州市工艺美术大师，并在2019年获“全国民族团结进步模范个人”荣誉称号。

2014年，李素芳的刺绣作品《贺州瑶族手工缝制女装》《过山瑶传统新郎盛装》获得广西工艺美术作品暨大师精品展览“八桂天工奖”银奖，并入选该年度广西壮族自治区艺术作品展。2015年，刺绣作品《平头瑶华丽传统刺绣嫁衣》获广西工艺美术大师“八桂天工奖”银奖。2016年，刺绣作品《瑶绣新衣》获广西工艺美术作品“八桂天工奖”优秀奖，与绣娘们共同制作的《盘王印章》和《年年有鱼》刺绣图案被联合国开发计划署征集做成商务笔记本的装饰品，由此传统瑶族刺绣走上了世界舞台。2017年，刺绣作品《剪方瑶——瑶悦休闲包》获广西工艺美术作品“八桂天工奖”（旅游工艺品）银奖。2018年，作品《瑶绣新释——瑶族新娘盛装》服饰

▲李素芳/摄影：采访组

系列在第53届全国工艺品交易会上获得“金凤凰”创新产品设计大奖赛银奖。2019年，作品《瑶绣新释》获得“八桂民俗盛典•广西传统工艺展评”金奖。2020年，作品《瑶香康养包》(系列）获得广西“八桂天工奖”(旅游工艺品类）金奖。

同时，李素芳将自己的瑶族服饰商店越做越大，成立了过山瑶家文化创意发展有限公司，自己任董事长兼首席设计师。目前该公司是“国家级非物质文化遗产代表性项目（瑶族服饰）生产性保护示范基地”“国家级非物质文化遗产代表性项目（瑶族服饰）传承基地”“自治区新的社会阶层人士统战工作实践创新基地”“自治区文化产业示范基地”“自治区社会科学普及基地”，此外被评为“自治区文化‘双创’示范企业”“自治区民族团结进步示范企业”。

我的家乡黄石村

我的家乡黄石村处于贺州市八步区步头镇的深山地区，四周都是高山。这里属于亚热带季风气候，气候温和湿润，土壤肥沃，适合动植物生长，所以山上有着丰富的动植物资源，比如竹笋、八角、灵芝、蜂蜜等，山下还有一条清澈的河流，不仅为村民提供了水源，而且里面有很多鱼虾，这些自然条件为我们的生活提供了便利。特殊的地理环境对黄石村过山瑶服饰文化影响很深，所以我们衣服上的刺绣图案元素很多都是来源于日常生活的环境。

▲进入黄石村的路已经由黄泥路修建为水泥路/摄影：采访组

黄石村是一个传统的瑶族聚居村落，祖先们翻山越岭，不断迁徙，大约在20世纪早期定居在这里。我们村属于过山瑶里面的西山瑶，这里以贺江为界限，东边为东山瑶，西边为西山瑶。村里一共有1100多人，分散居住在村子的各个山头，一般都是一个山头有两三户人家，所以黄石村居民分布的范围非常广阔，通常有几十公里。一般一户人家住在哪个山头，那么那个山头的资源都是属于他们的。

村里以瑶族为主，多为本地人，同时还居住有一些汉族或者壮族人，一般都是从外面嫁进来或者搬迁过来的。村民姓氏以赵、李、刘为主。目前我们村的基础设施建设情况已经大大改善，从公路入口进入黄石村的路已经由黄泥路修建为水泥路，而且大大扩宽，方便了村民日常出行。村民们现在都住上了水泥房，居住条件得到大大改善。村里也修建了黄石小学，孩子们也不用跑那么远去镇里上学。由于政府的大力扶持，加上我们村民的努力，目前黄石村人均收入相对前几年大幅度提升，达到六千多元，已经脱离了贫困村的行列。村民现在每个人家里都已经配备了电视、摩托车、网络等现代化设备，有钱的人还会购置小汽车用来出行。我们的收入渠道有很多，一些人平时会种植山地作物，比如桉树、八角等，也会上山采集蜂蜜、灵芝等山货，然后再前往镇上赶圩售卖。妇女们会在闲暇时缝制绣片来换取手工费，年轻人则大多走出大山，到外面打工挣钱。村民们赶圩的时候会乘坐摩托车或者小车等交通工具前往城镇，出售一些东西或者购买生活用品，和镇上的汉族等其他民族的居民交往密切。黄石村周围有保塘村、保和村等瑶族村落，随着交通条件的改善，我们和他们的交往也很频繁，村里举办一些节日庆典或者婚礼的时候，也会邀请大家一同参加，非常热闹。

我们非常信奉盘王，不过平时都是单家独户举办盘王节的，全村人一起举办的大型盘王节一般要间隔很长一段时间才会举办一次，通常在10月16日，由当地政府牵头举办。活动会邀请附近几个瑶族村子的人一起参加，大家穿着瑶族传统服饰唱瑶歌、跳长鼓舞等，晚上聚在一起吃长桌宴。接着就是度戒仪式，也就是瑶族男孩成人礼，在举行仪式之时会有道公在场。选定地点并准备好神像和贡品，度戒仪式就可以举行了。度戒仪式有大小之分，是通过时间的长短来划分的。受戒者要穿本民族的服装，严格按照规定低头修身养性并接受引度师的教育。除了这个之外，还要做法事、度阴曹、上刀梯，才算完成整个度戒仪式。然后是婚俗，过山瑶的婚俗十分有特色，双方确定结婚日期后，需要提前好几天做准备。新婚夫妻两人都要穿着瑶族服装，女方还要披上刺绣盖头，并有伴娘在旁边撑着红伞。男方派代表到女方家接女方，女方

▲李素芳的100多名瑶族绣娘在展示刺绣技艺/素材来源：李素芳

到达男方村子后，会有吹奏迎亲曲的乐队引导其到男方家。进屋子后，女方的客人会受到男方人的敬烟茶等特殊礼遇，到了开始拜堂的时候，新人会先拜天地神明和自己的祖先，之后换掉台上的贡品，由双方父母受拜，接着宾客就可以进入酒席，各自受拜，离开时需要留下红包放在桌上的盘中，以示庆贺。

我们黄石村的瑶族丧礼习俗很特别。如果有人去世了，死者的儿子就会向村子的其他长辈们通知死讯，大家聚在一起商量死者的葬礼。死者一般穿着本民族的传统服饰入棺，死者亲属则在葬礼上头戴白布，披麻戴孝。其中年龄60岁以上的为长寿者，一般都是年龄太大导致的自然死亡，年龄小于60岁的一般都是病死的。意外死亡的人死后都要经过一定的仪式，也就是“过油锅”。死者放入棺后由亲近的长辈盖上棺材，而且死者生前喜欢的东西也要放进去。把死者埋葬后，由子女送祭品到墓前，还要烧纸钱和燃放爆竹，一年中除了清明节外，过年的时候也要去祭拜死者，数年之后，还要迁坟，由死者家人请来道公，决定日期地点，将死者的坟墓迁过去。

像我说的这些习俗，都是需要大家身穿我们瑶族的传统服饰参加的。在现在的日常生活中已经很少人会继续穿着传统服饰了，但是我们黄石村一直保留着这些瑶族传统的风俗习惯。大家参加这些仪式和庆典还是会穿着我们五颜六色的瑶族服饰，因此节日庆典成为我们传承瑶族服饰文化的主要渠道。

初出茅庐，人小心大

我从小就出生在一个传统的瑶族家庭，母亲李小莲经常会缝制一些瑶族服饰。小时候由于没什么东西可以玩，我就经常看母亲刺绣，然后自己慢慢地也开始拿起针和线捣弄，再加上母亲有时候也会教导自己，所以我就这样学会了刺绣。但这并不是我走上这条路的开端，学会刺绣之后我并没有把它放在心上。虽然母亲在镇上开有一家瑶族服饰店，我经常要去帮忙，但是我一开始仍然和大多数瑶族青年一样，希望自己能飞出深山，走进外面的大城市里面去。1998年，我中专毕业之后就开始外出打工，一开始是在八步镇，后来去了钟山镇。村子里其他青年很多都跑去广东打工，我之所以没有去是因为回来的人都说那里工作特别辛苦，几乎没有休息的时间。我在八步一开始卖衣服，后来没多久就去了钟山。在那里我认识了一个卖啤酒的钟山区主管，便开始售卖啤酒，后来在酒店认识了我弟媳。她那时候在做服务员，人特别勤快，我就让她帮我卖啤酒给客人，再用瓶盖给她换礼物。我在钟山干了差不多一年，之后回家待了一段时间。那时自己想法比较多，一心就希望待在外面，于是就前往南宁打工，待了半年之后又去了杭州。当时自己想着边打工边游历全国，到外面的一些大城市看看。这个想法是不错，但是现实很残酷。我们那时

▲跟随母亲（中）学习瑶族刺绣/素材来源：李素芳

候打工挣钱真的很不容易，每个月只能维持日常开销，根本存不下多少钱。这种状态我还是持续了6年左右，中间游历了好几个城市。这些经历虽然很苦，但却开阔了我的视野，也为我后面创业积累了不少的经验。

2004年，我回到镇上，开始帮助母亲打理瑶族服饰店。当时我们的瑶族服饰店非常狭小，而且当时经营服饰店也只是能刚好维持生活，并不能存下什么钱。因为店里卖的很多都是手工品，而且价格很便宜，所以利润不高。我当时觉得摄影特别赚钱，尤其是拍婚纱照。2007年底的时候，一个偶然机会，我认识了在自治区文旅厅民族艺术研究院的专家梁汉昌老师，就开始一边帮家人的忙做瑶族服饰，一边跟梁汉昌老师学习摄影，希望有朝一日能开一个照相馆。我与爱人相识就是因为这个缘故。有一次我们前往金秀拍摄瑶族婚礼，在金秀博物馆里面他被一套尖头瑶的女性服饰深深迷住了。他当时并不知道我是瑶族人，而我觉得很有趣就和他开玩笑说以后找一个瑶族妹子当老婆就可以天天看她穿这个衣服了。顺着这个话题聊天，我们彼此熟悉了起来，没想到后来我就真成了他老婆。我跟着梁老师学了一年的摄影技术，然后又和我爱人学习一些视频后期剪辑技术。我这个人很喜欢新奇的事物，当时很流行碟片，所以我就将自己拍摄的东西加上一些特效制作成碟片售卖。其间，爱人、梁老师和家人都在极力劝说我回到家乡经营瑶族服装店，最终我抱着试试看的心态，回到了贺州。

贺州晚报

一次性纸杯新国标下月实施

我市纸杯市场“鱼龙混杂”

瑶胞进城开店售瑶服

假车牌号码竟有八位数

市民：我们的车该停在哪里？

楼上空调滴水伤了邻居情

中国渔民称被迫承认越境捕捞

▲开店时当地的新闻报道/素材来源：李素芳

一开始，我们家在步头镇上开的店面特别小，因为不是大镇，人口并不多，所以生意很一般，于是我就和妈妈商量着在贺街镇开另一个店面。2008年6月，我们在贺街开了第二家瑶族服饰店。这个店比步头镇的大很多，有66平方米的面积，而且有三层。加上贺街镇是一个大镇，人口多，店面就在贺街镇菜市场门口附近，人流量大，所以市场也大。我们开业后，很多人都会进来看，店里面非常热闹，生意非常好。后来我爱人也从南宁回来了，和我一起经营这个瑶族服装店。当时我们发现这样一个现象，很多当地瑶族人自己绣好的东西没人帮他们加工成服装之类的产品，于是会来找我们帮忙加工这些绣片，这也成为店里一项重要的经济来源。过了几个月，我们店的名气已经传出去了，不仅在本地，包括其他乡镇都有瑶族同胞来找我们加工绣片。

我母亲那时候一般只制作一种瑶族服饰，也就是我们传统的西山瑶服饰。我们到贺街镇开店，当地是东山瑶，所以我们就去了解和学习东山瑶的服饰，也就会制作两种瑶族服饰了。渐渐地，来找我们做服饰的瑶族同胞越来越多，两种瑶族服饰已经不够用了，所以我和爱人开摩托车四处去各地瑶族村寨学习其他支系的瑶族服饰制作方式，通过收购、拍照等方式了解这些服装的制作过程，然后自己再练习，从而学会了13种瑶族服饰的制作方法。这13套瑶族服饰分别体现了各自地区的特色，主要的不同之处就是在于帽子的部位，有尖头，有平头，有穿纱，还有包帕等。就这样，通过我们的努力，我们的服饰店在当地也做出了一定的知名度。

之后，我和爱人觉得在乡镇售卖范围还是太小了，就想着走进瑶山深处去兜售我们的产品，因为很多瑶族老人一辈子很少会走出深山，为了把我们制作的瑶族服饰和刺绣手工艺品卖给他们，我们想出制作碟片的办法，也就是组织瑶山深处的瑶族同胞们聚在一起搞歌堂夜，穿着瑶族的服装一起唱山歌，然后将他们唱歌的场景拍摄下来制作成碟片，并在影片的片头和片尾都分插入我们的广告和电话号码。那些瑶族同胞们看到自己上了影片都非常高兴，所以只要我们去到瑶山，好多人都会愿意让我们拍摄视频。因为拍视频需要穿着瑶族传统的服饰，所以我们会带好多瑶族传统服饰去销售，然后就有很多瑶族同胞购买我们的服饰。因为那些瑶山深处的老人家很少出远门，我们不仅把外面的东西带进去给他们，也帮他们拍照，并在下次进山时把照片带给他们，所以他们都很高兴。那时候不管哪里举办瑶族婚礼，我们都会去，一方面是宣传和销售产品，另一方面也是可以给山里的瑶族同胞带来便利，同时还能动员更多的绣娘为我们做刺绣。

当时我爱人用摩托车载着我进山，路很烂，很不好走，下雨的时候还坑坑洼洼的，但是这些都阻止不了我们的脚步。就这样做了一两年，我们的名气也打出去了。后面我们发现虽然制作的碟片很受瑶族同胞欢迎，但是有些人家里面没有碟片播放器，于是我们就把瑶歌录下来做成磁带，向没有播放器的人出售录音机，也算是搞了一个副业了。再后面我们又开始兜售移动播放器，就是那种直接插内存卡就能把影片播放出来的设备。瑶族老人们喜欢在干活的时候拿着移动播放器去听山歌，即使干的活再累，在听到这个瑶族山歌后，他们觉得自己的疲劳一扫而空了。通过这些方法，我们在那段时间赚了一些钱，从而让贺街镇上的店面扩大了，名气也传得更远了。

▲李素芳收藏的瑶族服装/摄影：采访组

我们将瑶族服饰卖到村里，不仅打开了知名度，而且还增强了瑶族同胞对自己民族文化的认同感。本来他们之前结婚一般都是穿唐装之类的衣服，不会穿本民族传统服饰，我们向他们销售瑶族传统服饰之后，越来越多的人开始穿回民族传统服装。之所以会出现这种情况，主要是当时很多人已经不会制作一套完整的瑶族服饰。有的人可能会做一部分，比如他会做衣服，但是不会制作帽子，又或者会绣花，但是不会制作衣服。所以我们店一开始在镇上开的时候，就已经有很多人来买服装了。

村子里的那些老人也非常喜欢我们的传统服装，我们开店卖衣服的时候就注意到，那些穿得漂漂亮亮地进来看衣服的年轻人不一定会舍得花一千多块钱买一套瑶族服装，反而是那些看起来穿得很不起眼，甚至有点破旧的老人愿意爽快地买下一套价格不便宜的瑶服。对于他们来说，穿在身上的瑶服越华丽、越漂亮，过世了之后到另外一个世界才会过得越好，才不会被欺负。而且我们这里有一种说法，生前要穿最漂亮的瑶服出来给亲戚朋友看，去世的时候也穿这套衣服下葬，这样以后大家到了另外一个世界才能根据这套衣服认出你来。所以说，拥有一套传统瑶族服装对于瑶族人的意义远远不止是漂亮、保暖这么简单。

▲获奖证书/摄影：采访组

之前每一户瑶族村民家里可能都不会有一套本民族的服饰，我们开店之后一家平均都有两到三套了。而且我外出的时候也穿着自己店里的瑶族传统服饰，坚持走到哪里穿到哪里。一开始自己还是会比较在意别人的目光，会刻意把帽子压低，不敢抬头，后面外出学习的经历多了，就开始慢慢地有自信了，头也抬起来，不再害怕别人看自己。同时我也在不断外出学习，参加各种非遗培训班和比赛，以此来提升自己手艺，比如在2016年我参加了北京服装学院非遗传承人群少数民族服饰技艺研习班，制作了8套瑶族服饰，将传统服饰与现代元素相结合，吸引了很多人的目光。2018年，我们在市区创建的贺州瑶族文化体验馆成为首个广西壮族自治区成立60周年中央代表团的慰问点。全国政协副主席马飚率领一个分团的领导深入体验官慰问了我们一帮绣娘，并赠送了一个宝瓶——同心瓶。2019年，我被评为国家级非物质文化遗产项目（瑶族服饰）自治区级传承人，还获得了“贺州市工艺美术大师”的称号，说明我的瑶族服饰制作技艺更上一层楼了。

▲北京培训班制作的瑶族服饰/素材来源：李素芳

服饰上的挑花刺绣

我们瑶族服饰，所有装饰都是以刺绣为主。所以很多人说，瑶族母亲在她们女儿很小的时候就要开始做她们的嫁衣了，因为手工特别多，完成一套衣服需要好几年的时间，而且平时还需要干农活，所以有点空余时间才可以做一些，通常到她们女儿准备出嫁的时候才能把一套衣服做好。我们的瑶族刺绣有着悠久的历史，早在秦汉时期就出现了。当时自称是盘王后人的瑶族就已经使用各种兽皮来给自己缝制衣服，用植物给服装染色，从而使服装呈现出不同的颜色，这是瑶族刺绣的早期形态。之后到了隋代，当时生产力高速发展，国家安定，瑶族和汉族等民族交往较为密切，汉文化影响力不断扩大，瑶族服饰已经出现许多精美的刺绣。宋朝时期则更为先进，在实用性的基础上更加注重刺绣的美感，图案更为精美，而且当时瑶族服饰已经较为全套，各个部位的装饰都已经具备，瑶族妇女们穿着五颜六色的瑶族服饰，成为当时的一种时尚。明清时期，纺织技术得到发展，生产服饰使用改进的纺织机，使得服饰制作的效率大大提高。受到环境的影响，各地区瑶绣差异化也越来越明显，我们黄石村过山瑶刺绣的图案大多来源于我们生活地区的各种事物。

▲瑶族刺绣/摄影：采访组

刺绣的颜色一般由红色、黄色、绿色、蓝色、白色组成，它们代表着不同的含义，比如绿色代表春天，红色代表着夏天，黄色代表秋天，蓝色则是代表冬天。刺绣的很多图案都来源于我们日常生活的环境，是对我们生活的记录。因为我们瑶族没有自己的文字，但是祖先们很聪明，想表达什么就用图案的方式记录下来，所以这些图案就相当于我们的符号文字。我们瑶族有几个有代表性的图案：首先是盘王印，我们每件手工艺品基本都会绣上这个图案，代表着我们对祖先盘王的崇敬；禾苗纹，表达着瑶族居民祈祷五谷丰登的愿望；龙形纹，就是瑶族居民祈祷自己要更强大，过上好生活；还有老虎纹，这些山里的动物纹表达着我们祖先不断翻山越岭的那种信念和坚持。然后还有一些宗教信仰的纹路，比如人形纹，体现了瑶族人对生殖的崇拜，这些都是非常有意思的东西。

在原料上，主要分为染料和线，在染料上的选择有很多，有天然染料和化学染料，天然染料主要是来自大自然中的各种植物。不同的植物可以染得不同的颜色，比如染红色可以用红花，染蓝色可以用马蓝，黑色可以用乌桕叶，黄色可以用野菊花，绿色则是通过蓝色和黄色的染料合成而来的。染料的制作方法主要是将植物放入缸里，然后放入石灰使其发生反应，几天之后就能用了。在传统染色方法上，我们一般使用靛青和蜡染。靛青染色技术就是首先将蓝色植物放入装满水的缸里，等其发酵，经过两天时间，直到水变成蓝色后，加入相应碱性物质，如染红色可以加入碱性复红，染绿色可以加入碱性艳绿、孔雀绿，染蓝色可以加入碱性蓝，染黄色可以加入碱性嫩黄，经过3到4个小时，使其发生化合反应，缸底部就会产生沉淀物。这种沉淀物就是蓝靛膏，把沉到水底的蓝靛膏收集，将布料浸泡在染料中，经过2到3个小时，直到所需的部位完全上色即可。还有就是蜡染的技术，在制作时先准备好布和蜡，把布先用草木灰漂白洗干净，接着用煮熟的芋头涂在布上，晒干；用火把蜡烧熔，再用铜质的蜡刀蘸蜡在布上绘制出花纹；用所需颜色的染料浸泡布料5天左右进行上色，染色之后再去掉上面的蜡。这样布的表面就可以呈现出各种各样的花纹，同时在制作的时候，蜡会裂开，让布的表面呈现出类似冰裂的纹路，显得十分有魅力。通过这种蜡染技术做出的刺绣图案很丰富和美观，可以体现自己独特的风格，所以被用于各种刺绣手工艺品的制作上，不仅富有特色，而且实用。还有就是针线折印，即用各种颜色的线条绣成所需要的颜色和图案。我们现在也有使用化学染料，根据需要染的颜色不同可以分为好几种，如需要红色可以用苏丹红，绿色有亮绿、碘绿，蓝色可以用碱性蓝，染黄色可以用柠檬黄等材料。现在获取植物染料并没那么容易，而且纯植物染料容易出现掉色的问题，所以我们决定增加一些化学染料，这样也能起到固色的作用。

我们过山瑶刺绣的常用绣法是反面十字挑花绣制法——照着布片自己的纹路，从布的反面绣制，都是没有图稿的，无需样式，不用按照固定的模板，直接照着布的经纬线缝制，绣出自己想绣的图案。我在制作瑶绣的时候，也是按照布的十字经纬，先绣出一行大小相同的方格或是线条，在方格里面填充各种基本图形和颜色，若是最后容不下一个图形，可以只绣半个图案。十字纹是挑花针法的基础，也是构成挑花花纹的单元因素。用十字纹来表现所有的线条、花纹的面，也只能够用十字纹填满，而且一般都不使用弧线。因为瑶绣的图案都是由三个基本线条变化而来的，分别是45°、90°与180°平行线，图案基本上都是由三角形、正方形、长方形等基本形状构成。如想要制作一些图案，我也有自己的办法，如重复和连续构成的方式，将单个基本图案按方形或带状不断重复，或在单个纹样上进行局部的色彩或方向上的变动，创造出丰富多样的组合图案。这其中以“盘王印”最为突出，由正方形、三角形、菱形组成。在需要表现弧线等曲线的时候，就必须用很多的十字纹进行错位排列，或进或出，以达到接近物象圆形轮廓的效果。同时，在进行刺绣的时候，还需要对物象的一些表面进行省略、变形等艺术处理。这样的艺术处理，使刺绣技艺更加具有特殊的韵味。像我一样精通手艺的刺绣者可以通过对基本几何图案的叠加、去减等方式，绣出各种代表自然景观和动物形象的图案，如鸟纹、山纹、狗头纹、花纹等。刺绣的线

▲刺绣针线、剪子/摄影：采访组

条颜色以红色为主，同时还用黄、白、绿、蓝、红五种颜色的丝线作边缘修饰，与底布的颜色形成强烈的对比，让各个部位的颜色更加艳丽。所以说，我们过山瑶刺绣的制作方法主要有着以下的特殊之处：首先，我们在刺绣时不用在布上面画出底稿，想绣的图案是由自己绣制之时确定，可以想到什么就绣什么，所以我们图案没有固定的套路，每个人的刺绣都不同，显得非常多姿多彩；其次，我们使用的是反面十字挑花绣法，在反面绣制，从正面显示出来，是我们先辈留给我们的宝贵技艺。

我们制作瑶族服饰一般会采用棉线、蚕丝线和油性丝线这几种，在制作时都是以黑色布料作底，再用五种颜色的线在底布上缝制各种图案和花纹。我们在各个时期使用的线都不同。最早的时候，我们的祖先在秦汉时代缝制瑶族服饰和刺绣就是使用蚕丝线，其制作方法是将采集到的蚕茧放入水中煮熟，然后抽丝而成。那个时期养蚕技术已经很发达，后来很长的时间里瑶族服饰的制作还是以蚕丝线为主。唐宋时期，古代的棉纺织技术发展，一些人就使用棉线制作瑶族服饰。到了20世纪，出现了使用人工合成纤维制作的瑶族服饰。瑶族服饰在古代一般用蚕丝与棉线制造，这类丝线可以让瑶族服装更加好看，手感顺滑，穿着也更加舒服。如今，瑶族服饰一般使用合成纤维与棉线缝制的。因为用蚕丝制作瑶族服饰成本太高，很难大批量生产，也会使瑶族服饰的价位偏高。一套蚕丝制造的服装价格可能上万元，而合成纤维制作的最多也就一千多元。较高的价格会降低消费者购买欲望，对我们的推广不利，所以现在都是采用合成纤维和棉线缝制瑶族服饰，这样不仅降低了成本，而且也能维持相当好的观感。

▲瑶族盛装/摄影：采访组

现在我们瑶族传统民族服饰的使用主要分为盛装和简装。简装是平时日常生活的时候穿着，讲究简洁，但是现在日常生活里面穿的人也很少了。盛装则是在重大节日或者婚礼的时候才会穿上，装饰很隆重。尤其是结婚的新娘则会更隆重，所有的配饰都会挂满。比如说盘王节、度戒、结婚，这时候都是穿盛装。但是我们有一个传统，就是女性未结婚的时候是不能穿盛装的，只有在结婚之后才能穿。

绣出美丽人生

我们已经在黄石村开展瑶绣传承工作很多年了，希望通过自己的绵薄之力帮助村里的妇女。我们会免费给村里的绣娘发放绣花线和绣花布，等到她们完成绣片后我们再回收成品。不管这些绣娘手艺怎么样，只要她们能尽心绣好，我们都会回收绣片，所以村子里的绣娘都很积极，参与的人也越来越多。这种合作方式，不仅扩大了我们绣片的产量，也增加了大家的收入。但是刚开始的时候，因为参与的绣娘很多，人工成本变得很大，所以还出现过资金紧张的局面。通常绣娘们会先拿绣花布回家，绣好了之后等到赶圩时再带到我们店里换成钱，用换来的钱购买生活用品回家。我记得有一次，一位绣娘将绣好的绣片拿给我，但是店里已经没有钱付给她了。我又不忍心拖欠她的钱，因为她还要靠这点钱把家里需要用的必需品买回去。因为她跟我说出来之前就已经想好将这些绣片换来的钱要买什么东西，所以这次出来身上一分钱也没有带。我只能“撒谎”告诉她我的钱现在放在银行里，让她在店里等我去银行将钱取出来。然后我赶紧跑到隔壁店里找老板借了一笔钱，假装从银行取出来给她结清了这账。那段时间，店里资金周转不过来，我们撑得很辛苦，有时候晚上甚至都睡不着觉，不过还好，后来慢慢缓过来了。

其实刚开始的时候，很多村民对我们的工作不怎么在意，但是我们这么多年一直都坚持下来了，帮助了很多妇女改善了家庭经济条件，还是做出了一定的影响力。现在公司一共拥有600多位绣娘，这些绣娘分散在贺州各处，一般都是年龄比较大的瑶族妇女。我们在每个镇上都有一个发放和回收绣片的点，设置一个中介人，通过这种方式也可以让他赚取中介费，增加一定的收入。瑶族绣娘可以来发放点免费领取布和线，然后拿回家趁着闲暇的时候进行刺绣，制作好之后拿到我们这里换钱。她们很多人加入到我们的队伍来了之后，经济收入都增加了，也改善了家里的生活。其中，有300位绣娘每年收入增加了4000元，有100位左右绣娘平均收入增加了6000元。比如我们的姨婆赵文英大姐（2020年去世），16岁开始刺绣，在我母亲开店的时候就来帮忙刺绣了。她10到15天就可以完成一片绣片，一年在刺绣上的收入就有7000多元。还有就是贺街镇联东村有一位阿婆，已经80岁了，平时很少上街，一年也就出来一两次，可是她今年绣了1万元左右的绣片来给我们。我问她年纪这么大了，还要这么多钱来干吗，她说孙子要上大学了，想要多赚点钱给他当学费，说完还非常自豪地笑了起来。现在我们贺街镇联系点的阿婆也已经70多岁了，今年身体不是很好，因为疫情经济形势也没那么好，但是她依然很积极地帮我把关绣片的质量。

▲绣娘刺绣中/摄影：采访组

我们对绣娘也很好，不管她们绣得好与不好，只要用心去绣了，我们都会用同样的价钱回收。因为在我看来绣得不好，并不代表她们不认真，只是个人的手艺问题，因为每个人的手艺肯定有好有坏。其实每一个绣片都真实地反映了这个绣娘的性格和为人，那些每一根线都绣得特别平整的人肯定非常耐心、细心，那些绣得不那么平整的人平时做事就会比较急躁。所以即使我未必全部见过我们的600多位绣娘，但是从她们的绣片上我也能看出这些人的性格是怎么样的，在绣片上有没有偷懒，是不是用心绣也都是能看出来的。也有人曾和我说："你怎么那么傻呢？这么多人说她做得那么不好，你还给她那么多钱。"我说："人家付出的劳动力是一样的，所以得给同样的收购价，反正我回收过来可以再加工，到时候把它做得好看点就行了。"

说到这里，我这里还有一个非常感人的绣娘故事。黄洞村有一位60多岁的绣娘很长时间里都在帮我们绣绣片，半年前，她到我这里拿了很多绣花线和布回去。虽然老人家一年里很少上街，但是我还是会很放心地等她绣好后再交给我。突然有一天，她女儿给我打电话："阿芳，你的东西，我要退还给你，我不绣了。"我当时感到很奇怪："以前不是你妈绣的吗，怎么现在是你绣了？你妈为什么不绣了？"当时她就一直说自己没有时间绣，我也就没有多想。后来我才知道她母亲已经走了一个多月了，而她自己实在没有时间只帮我绣了一点点。她母亲生病的时候觉得拿了我那么多的绣花线和布，所以一心想着帮我绣完再走，即使病得躺在床上下不了床了，也仍靠在床边帮我绣绣片，一直到不能动为止。她母亲在过世之前交代她女儿一定要绣好这些绣片，不然会对不起我。我问她绣片在哪，她说还在家里，针线都还在绣片上。我让她不要绣了，有空了再拿给我，但是后来过了一段时间她还是帮我把绣片绣好拿给了我，这真的让我很感动。所以我觉得很多绣娘，她们刺绣并不仅仅是为了挣钱，而是这已经成为一种生活习惯和精神寄托。虽然这样的生产模式会导致人工成本高，但是看到绣娘们通过自己的双手创造了更加美好的生活，就算再怎么困难，我也会一直坚持做下去。

我们瑶绣的传承工作给村子带来了很多变化。首先，给村里绣娘带来了经济收益，她们收入得到了提高，也有利于带动村子的脱贫致富。其次，我们传承工作的顺利开展，让社会各界越来越关注我们黄石村，进而让政府改善当地的基础设施建设，修建好了公路和学校。再次，通过带动村里人把瑶绣做起来，让我们瑶族服饰普及率大大提高了。现在基本每户瑶族人家里都会拥有1到2套瑶族传统服饰，这也说明了大家对本民族文化的认同感得到了增强。比如，以前我穿着自己制作的瑶族服饰出门总是会吸引别人的目光，闺蜜和我一起外出看到这么多人看我，总是觉得很不好意思，但是现在她不仅不会感觉到尴尬，还和我一起穿着这些服装上街。还有以前年轻人外出打工回来买衣服给老人总是会选择市面上的名牌羽绒服等现代服装，现在他们有的人开始购买我们瑶族传统服饰给家里的老人，老人们也感到非常高兴。

▲李素芳的刺绣工坊/素材来源：李素芳

坚持不懈的传承信念

2011年之后，我们的店越做越大了，在市区也开了一家分店。2016年的时候，我们又成立了过山瑶家文化创意发展有限公司，开始将重心从生产转向文化服务。我们现在拥有1家瑶族文化展示馆、1个过山瑶家瑶绣传习基地和2个生产车间，正式员工20多位，主要销售瑶族服饰和瑶绣文创产品。我们主要的销售群体除了瑶族同胞外，还包括一些文艺演出队以及一些博物馆和展览馆，它们的采购量都很大。除此之外，我们还有线下的销售渠道，也就是瑶绣文化体验馆，将瑶族服饰和刺绣手工艺品放在店里销售，几十到上千元不同价格区间的都有。顾客对我们的产品还是比较认可的，去年公司一年的营业额有300多万元，再除去支出，利润率有20%左右，经济效益还是挺高的。今年因为疫情的原因，经营情况就不如去年了，但总体还能维持下去。我爱人对我的帮助很大，他负责组织策划和管账，其他家庭成员也都支持我的事业，包括我父母、弟弟和弟媳。尤其是我弟媳，她现在也是瑶族服饰传承人，负责我们公司的服装生产工作。如果没有家人的支持，我很难坚持下去。

▲贺州瑶族文化体验馆服饰展示大厅/摄影：采访组

▲李素芳向广西民族大学的王柏中教授展示瑶族元素服装/摄影：采访组

经过大家一同努力，我们也取得了很多成功，最得意的一次就是在2016年，联合国大会发放的笔记本封面采用了两个我们设计的瑶绣图案。那时候，贺州被联合国列入广西旅游示范项目试点，联合国开发计划署为了保护和传承我们的瑶绣工艺，帮助贺州瑶族妇女实现文化旅游扶贫，向全世界推荐瑶绣工艺品，于是在贺州征集瑶绣特色工艺品。我们设计了盘王印和泡桐花两种图案参加竞选，最终被联合国采用。当时我们收到这个消息也

▲联合国选用的瑶族元素办公用品//素材来源：李素芳

▲荣誉证书/摄影：采访组

很惊讶和激动，连夜缝制了几百份绣片用来装饰联合国大会的笔记本，最后产品大受好评，还远销到美国、法国等国家，这也标志着我们瑶绣也走向国际化。经过不懈努力，我在2019年成为了自治区级瑶族服饰代表性传承人。我认为要成为这个传承人，需要从事这个行业较长的时间，有一定的影响力，有成果产出，才能获得这个荣耀，而这与我这些年的努力分不开。

目前我们在民族文化传承上的方式主要包括以下两个方面。首先，我们成立了过山瑶家文化创意发展有限公司，目前拥有2个生产车间、1个传习基地和1个瑶族文化体验馆，主要经营包括瑶族服饰在内的瑶族文化体验。同时我们采用前店后村的方式和绣娘进行合作，销售我们的文创产品、文旅产品和传统服饰。其次，就是开展“非遗进校园”活动。我们在步头中学、黄石小学和贺街镇双莲中学都开设有瑶绣兴趣班，感兴趣的孩子都可以免费参加，棉线和绣布也会免费提供。一般每个班都有三四十个学生，教授他们瑶绣的基础针法，通常每周两节课。即使是一个不会任何刺绣技巧的人，也能在两小时内学会基础的针法，可以绣制自己想要的东西，所以学生们都很感兴趣。不过现在贺街镇双莲中学的兴趣班由于学生的流失，这两年已经不办了，目前在办的还有步头中学和黄石小学的兴趣班。其中步头中学的一个学生让我印象非常深刻，他长得挺帅的，学习刺绣特别积极，绣得也特别好，我们就带他去参加刺绣展览比赛，还拿到了大奖。除此之外，我们也和一些高等院校进行合作，比如贺州学院，他们经常会有学生来我们这里调研。还有在2016年的时候，我们和天津美术学院的曹志钢副教授合作，打造了“剪方瑶”服饰品牌。剪，即剪出惜物为金之智慧；方，即方圆有矩乃成之大器；瑶，即瑶绣盘王圣明之祥瑞。这个品牌设计和传统的服饰不一样，随着大家生活方式和生活环境的改变，服装肯定也要简化，得结合现代的审美观，让现在的人能穿得更舒适。所以我做了很多的改良，在保留传统刺绣图案的同时，融合了现代元素，兼顾了美观和实用性，也更容易受市场欢迎。目前我们还制作了很多瑶绣文创产品，有现代特色的服饰、手提包、纸巾盒、枕头、吊坠，等等。

▲李素芳在中小学开办瑶绣传习班/素材来源：李素芳

▲文创产品：瑶药木锤/摄影：采访组

▲文创产品：纸巾盒/摄影：采访组

在民族文化传承上，我们也面临着一些问题。首先就是村里很多年轻人不愿意学习我们的传统工艺，特别是刺绣要靠坚持，是一个细水长流的过程，它既不会让我们突然变得特别有钱，也不会让我们穷得没饭吃，因此很多年轻人觉得做这个东西很费时间，然后卖的价格也不是特别高，所以都不愿意学习，很多都跑到广东打工去了。还有我们现在小孩能玩的东西太多了，有电脑、手机、电视之类的现代化数码产品，对这些传统文化就不是很感兴趣，这样可能会出现传承断层的情况。其次就是相关人才的紧缺，只有不断创新，才能让文化不断发展下去。我们企业现在不缺人手，但是特别需要有创新思想的人才。因为我们很早就开始制作售卖瑶族服饰，附近的瑶族居民已经基本上每家每户都有瑶族服饰了，附近的市场已经慢慢饱和，所以我们必须在坚持传统服饰特色的同时融入新的元素，生产出更加符合现代人审美和使用价值的产品，这样我们的产品销量才会更好。还有一个问题就是我们在市区的生产场地问题，现在我们瑶族文化体验馆面积不大，而且都是租的，导致合同期满后我们老是要换地方，因此很多东西我们都不敢大胆地去做。而且受今年疫情影响，我们现在生意比往年少了，而每个月的支出都将近十万元，资金特别紧张，所以我们也在寻求政府方面更多的支持。但是我认为我们的瑶族传统工艺是永

▲过山瑶家文化生态园全景图/摄影：采访组

远不会消失、不会灭亡的，只要坚持做下去，更多的人参与进来，将其不断传承和发展下去，我相信前景会越来越好。所以我们也在积极探索其他方式，比如我们现在正在建立过山瑶家文化生态园，希望将我们所有的瑶族文化汇集在一起，让游客能一站式体验到瑶族的民俗风情，包括瑶族服饰、瑶族医药、瑶族歌舞、瑶族节庆、瑶族美食等内容，让人们来这里后可以全方面地感受和理解我们的瑶族文化特色。

四、大家谈大师

（一）父亲赵春凤

我们瑶族的传统手艺都是一代传一代地传下去，我老婆跟她妈妈学刺绣，我女儿也是跟我老婆学刺绣，后来儿媳妇也是跟我老婆学做瑶族刺绣和衣服。当时我们在家做衣服都是用脚踩的缝纫机，有空就做一点，没有专职做这个。我女儿原先外出打工，后面回来在步头镇经营瑶族服饰店，但是她觉得乡镇太小，就自己去贺街那里开店，后面又搬到贺州市人口集中一点的地方，就一直做到了现在。我很支持我女儿做瑶族服饰，她想要做自己喜欢的事情我都会支持，自己能帮上什么忙就尽量帮一点。她从小就很有自己的想法，将小小的瑶族服装店经营到了现在的规模，也是很辛苦、很不容易。目前女儿和儿媳负责瑶族服饰这一块的工作，我和儿子在家做过山瑶家的农家乐，一家人分工明确。

（二）母亲李小莲

我小时候经常在家干活，有时候下雨天或者空闲的时候就在家看我妈妈刺绣。因为大人没空教我，所以都是自己看自己绣，就这样学会了刺绣。女儿在我刺绣的时候，经常在旁边看着，看她喜欢，我也就手把手地教她，她很聪明，很快就学会了。后来我儿媳嫁进来后对我们瑶族文化感兴趣，我也教她刺绣。当初我在镇上开了一家瑶族服饰店，女儿也来帮忙，这是我们事业的开始，后来我成了广西工艺美术大师。我女儿是个非常有想法、做事肯坚持的人，她回到贺州和我们一起经营服装店，把我们的店做到贺街，又一步一步做到市里，我们通过不断的努力，才终于有了现在的成果。我对她一直抱有信心，也会一直支持她，希望她在传承我们民族文化的路上走得更远，将我们的民族文化发扬光大。

▲李素芳与村里绣娘/素材来源：李素芳

（三）丈夫刘德敢

我刚认识李素芳时是在金秀做瑶族服饰的记录工作，觉得她是个非常有活力的瑶族姑娘，就被她吸引了。我在2009年左右回到贺州，当时李素芳在贺街开了第一家瑶族服饰店，我和她一起经营这家店，当地很多中老年人愿意来店里为孩子做结婚服饰，生意还是不错的，虽然后来也遇到一些困难，但我们还是坚持下来了。为了扩大我们的消费人群，我们曾经跑到附近山里的瑶族村落进行宣传，所以村民们都认识我们了。我们也希望儿子刘佳芳可以学到知识后回来传承我们的民族文化，所以每次假期我们都会带他回到村里了解瑶族文化，包括学习说瑶话和刺绣。虽然我们通过自己的努力有了一定成就，但是也遇到了很多困难，之所以能坚持下来，是因为我们对自己民族文化的一种热爱以及来自当地瑶族同胞们对我们的支持。在为事业奋斗的过程中，李素芳一直都是勤快、好学、积极、乐观，她会主动去承担很多工作，并且能沉下心来做很枯燥的事情，这是我特别钦佩她的地方。

（四）弟媳何婷婷

我是在打工的时候认识了姐姐，并通过她认识了我的丈夫（李素芳的弟弟）。我是2000年来到贺州黄石村，2002年秋开始跟随婆婆（李小莲老师）学习瑶族刺绣。因为我家就是做裁缝的，所以我在学习了两个月后就可以独立完成瑶族刺绣作品了。后来姐姐出来创业，我便一直跟着她做瑶族服饰这方面的工作。2016年我曾经和姐姐一同前往北京服装学院进修一个半月，主要学习工艺创新理念和服装设计。我们利用瑶族元素设计的作品还受到北京服装学院老师的好评和肯定。

我们一家九口人，有瑶族，有壮族，还有汉族，一起生活得很和谐，没有什么需要计较的事情，最近我们家还拿到一个民族团结进步奖呢！我觉得一家人过日子，最重要的是要人心齐，不计较。姐姐对我特别好，婆婆对我也特别好，就是因为这样当初我才不顾家里反对，一个人来到这边。姐姐不仅是我的亲人，也是我工作上的合作伙伴。在生活上，她是个热心肠的人，之前镇上买房子不够钱，姐姐二话不说拿出了家里的积蓄让我们先用。在平时工作中，她是个工作认真而且很有想法的人。我们之间非常有默契，她在服饰上或者产品创新上有什么新的设计和想法都会告诉我，我便负责将成品做出来。我相信在姐姐的带领下，我们会把民族文化传承的事业做得更好！

（五）弟弟赵志林

2004年，家里在镇上开了第一家瑶族服饰店，后来我姐也回来经营了。那个时候，她们一有空就到周边收集各种不同支系的瑶族服饰，以及学习如何制作。我姐是非常有能力的人，将店越做越大，都开到市里去了！老姐当时创业特别辛苦，最艰难的时候曾经四处借钱维持店面，但是都没有想过要放弃。我们家里人也支持她、理解她，她想做的我们就尽力帮忙。

我姐做瑶族服装也帮助了不少绣娘，帮助她们增加经济收入，改善了生活条件。像我姨母赵文英，16岁开始刺绣，家里有两个曾孙女全靠她养。因为她的孙子不怎么干活，孙媳妇到广东打工再也没回来，家里主要经济来源全靠姨母绣绣片。她十天才能绣一片袖口，400块钱一对，一年收入有七八千元，勉强够日常开支，但这对她来说已经是很大的帮助了。类似这种情况的绣娘有四五十人，都是年纪大，无法干农活，只能依靠做绣品养家。姐姐总是尽自己能力去帮助他人，因此特别受到大家的喜爱，大家都很支持姐姐的文化传承事业。

苗族织锦技艺传承人——唐巧英

一、苗族织锦技艺概述

（一）苗锦概述

苗族虽然有着自己的民族语言，但却没有自己的民族文字，苗族特有的传统工艺代代相传，也就成了苗族人民的一种民族文化传承的载体。苗族织锦也是这样的苗族文化流传下来的一种凝结物。苗锦是苗族人民在生活中常用的一种装饰物品，是苗族妇女使用织机织造，带有多样花纹的编织布品。苗锦也被称为织花，通过线的经纬挑花技术织成。《黔书》称这种织法为“通经回纬”，织锦的编织方法分为挑织、机织、编织三种，苗锦的制作过程复杂，每织一针都要进行手工挑花，并且图案设计程序全部都保存在织娘的脑中。

苗锦的图案常常呈现格律点的排列组合，多数以浮经跨纬、浮纬跨经两种形式组成了由长度不一致的线形成的面，往往在方形、菱形的网格中以二方连续、四方连续和中心扩散对称等形式组合而成，这种织造的技艺也是苗锦图案中以几何纹为主的原因。[①]苗锦的花纹使用丰富多彩，很多都是源于苗族人民的生活，苗族人民在现实生活中取材，运用编织的工艺将生活中的素材用一根根细线抽象化地反映在苗锦的绚丽花纹中。

苗锦，镌刻着苗族文化的特殊标记，承载着苗族人民自己的民族传统文化。苗族图腾等象形物在苗族织锦中的应用，也是民族信仰在苗锦中的体现。蝴蝶纹，就是苗锦中经常使用到的一种花纹。因为苗族人民将蝴蝶妈妈视为自己民族的祖先，而且蝴蝶是一种具有很强繁衍能力的动物，所以苗族人民通常将蝴蝶纹运用在织锦、刺绣中，制成衣物装饰，妇女常穿戴有蝴蝶纹的衣物以求多子或吉祥。不同地区的苗锦也会有着花纹风格上的差异，这是因为生活在不同地区的苗族人有着不一样的生活习惯和图纹偏好，苗族妇女在

▲织机上的苗锦/摄影：采访组

①方圆：《苗族织锦的艺术解读》，内蒙古大学艺术学院学报2013年第1期。

织苗锦的时候会根据个人、地区的喜好而对苗锦的花纹、图案进行改造，从而形成各地不一的苗锦风格。苗锦的色调搭配鲜艳多彩，这是由于苗族人民对亮色、花色有着特别的喜爱，喜欢大花大艳的装饰。

（二）千织万挑成苗锦

按照以前的织锦做法，做好一个织锦作品是很繁琐的。第一步是纺线，原料要用自家种的棉花，把棉花里的籽和杂质清理干净，用淘米水的米浆浸泡，需要彩色棉线时还会进行染色，经过晒干后才能用纺纱机纺成粗细一致的棉线。第二步是卷线、拉线，就是把纺好的棉线按照织机的宽度一排排地进行整理，排好线之后放上织机，这些排好的线相互交错着，也就是织娘常说的“经纬线”。第三步就是挑竹筘，挑完竹筘之后要卷线筒，卷完线之后还要再挑一次筘。高脚机（苗族的一种织布机）一共有上下四张筘，也叫“挑综筘”，纯粹挑综筘就差不多要挑一天，做好上面的流程才开始正式的织布。织布时既可以织素布，也可以织彩色的织锦，二者的区别就是织锦多了挑花这一步骤。苗锦每走一针都要挑花，一般要用到低脚机（苗族用于挑花的织布机）挑。其实高脚机和低脚机都能挑花织锦、织素布，只是习惯上织娘比较喜欢用低脚机挑花织锦，并且在使用操作上，用低脚机挑花比高脚机更为方便。

挑花的步骤很复杂，要用木针（也有金属制的）在固定好的经线中细细数着纬线的上下间交织点，按照织娘脑子里构思好的图案进行勾织。每织一下就要进行一次挑花，挑错一步，步步错，因此错了一步要拆了重新再做。挑好一行的花，还要

▲高脚机/摄影：采访组

控制好一定的力度，手脚并用，换线同时压好木板，把挑的花和线给压实才不会松松垮垮，看起来才会更加平整美观。

一织一挑间，一来一回中，一针一线里，色彩绚丽的苗锦是苗家儿女对美的一种刻画，交织着苗家儿女对美好生活的向往。

▲低脚机/摄影：采访组

▲绑紧线头/摄影：采访组

▲拉平棉线/摄影：采访组

▲挑花/摄影：采访组

▲挑花/摄影：采访组

▲低脚机上的织锦/摄影：采访组

二、采访手记

时　间：2020年7月28—29日
地　点：柳州市融水县苗家小镇广西传统工艺孵化中心
采访人：杨小君、陈炎梅、韩妮、温智纯、韦景顺

今天是我们来到融水的第三天，我们对这个民族风情浓厚的小县城已经有了初步的了解。午餐在民族市场吃过融水特色小吃“刮盆粉”后，我们乘坐观光车第二次前往苗家小镇，拜访唐巧英老师，一睹苗锦的别样风采。唐老师的工作室在苗家小镇里面，临着主路，店面宽敞。小镇刚建成不久，地理位置远离县城中心，有些冷清，但少了来往车辆的喧嚣和人声的打扰，倒是一个便于教学和安心创作的好地方。走在路上，我们远远地就看到工作室外挂着的牌匾，大家一眼就看到广西民族大学在这挂着的实践基地牌子，心中生起一股子熟悉感和亲切感。走上阶梯，透过玻璃首先看到的是一排排放置整齐的木制织布机和挑花机，而唐巧英老师身着暗红色绣花苗服坐在一台老旧的织布机前织着苗锦，隐隐听到木板间有节奏的拍打声。应该是听到我们的脚步声，唐老师侧身回头，停下了手中的活，同我们热情地打招

▲采访现场/摄影：采访组

呼。没有了前期网上查询资料时所感知的陌生与不真实，现实中的唐老师脸上挂着发自内心的笑容，言语间是恰似久别重逢的喜悦。虽然忙碌使得她额前发丝被汗水打湿，但别在头上的苗银步摇伴随着唐老师的步伐轻轻摇晃、碰撞，发出清脆的银器碰撞声，让她更增添了几分活力。迈入唐老师的工作室大门，一幅幅绚丽娇艳的苗锦作品呈现在我们的眼前，大家按捺住内心的激动，等待着它们的主人带大家细细鉴赏。

工作室里的作品不算很多，但每行至一幅苗锦面前，都会让人感觉眼前仿佛打开了一个新的世界。唐老师向我们介绍苗锦作品时，嘴角总是挂满甜甜的笑容，就像一个母亲在和亲友诉说着自己顽皮可爱的孩子，爱意由心底而生却尽显于嘴角的笑。看着那些密密麻麻又不失章法、色彩绚丽又独具苗族特色的花样，我们不由心生敬佩：这是何等的奇思妙想，才能让那些平平无奇的棉线绽放出这样美的异彩？之后的演示与实操体验，让我们不禁感叹苗锦技艺的复杂工序，敬慕唐老师对苗锦技艺的坚持与耐心。唐老师同我们说，一天下来，能做几寸已经是她不错的进度了。赞叹手艺不易的同时，大家也好奇着唐老师与苗锦的那些故事。在愉快的访谈交流中，唐老师将她前半生那些难忘的经历娓娓道来：她与苗锦的不解之缘，阴差阳错的“转武从文”，多年的免费培训执教的趣事……

在访谈的过程中，我们发现唐老师骨子里是一位性格十分爽朗的女子，她与苗锦的故事在我们的欢声笑语中缓缓呈现。经过此次的访谈交流，我们感受到美丽苗锦背后苗族的历史文化，看到苗族人民智慧的结晶，体会到苗族人民对美好生活的向往。从作为从艺者和传承者的唐巧英的人生经历中一探苗族织锦技艺，与其说苗锦丰富了唐巧英的多样人生，其实唐巧英也为苗锦增添了绚丽的一笔。

窗外的晚霞在清幽的山顶上晕开，伴随着采访的结束，离别时刻也将来临。我们看了一眼余晖映照下五彩斑斓的苗锦，雀跃苗锦上的，不再是那些几何组列的图纹，而是唐巧英的多彩人生和苗族人民的勤劳生活。挥挥手，我们和敬爱的唐老师告别；点点头，我们和心底收获的苗锦与唐老师的故事说声“你好”。遇见苗锦，遇见唐巧英，我们的行囊中装上了更美妙的故事。

三、苗族织锦技艺传承人自述

◎人物名片

唐巧英，女，侗族（据其本人所说，本应为苗族，户口时登记错写成侗族），1963年生，中共党员，籍贯广西融水苗族自治县。现为广西壮族自治区苗族织锦技艺代表性传承人、中国民间文艺家协会会员、广西民间文艺家协会民族织绣专业委员会副主任、广西传统工艺研究会理事兼织绣专业委员会主任、广西传统工艺孵化中心织绣专业首席导师。其从事苗族织锦技艺40年，10岁开始学艺，16岁学成出师，开始独立制作和传授苗锦技艺，是当地小有名气的苗族织锦制作技艺师傅。

2015年成为融水县级苗锦技艺传承人，2016年成为柳州市级苗锦技艺传承人，2019年成为自治区级苗族织锦技艺代表性传承人，并在2020年获得2019年度融水县优秀非遗传承人荣誉称号。其作品《锦上添花》在2019年“八桂民俗盛典·广西传统工艺展评”活动中获得了铜奖；代表作《锦绣苗山》获得2019广西工艺美术作品“八桂天工奖”金奖，并在2020年获得第55届全国工艺品交易会的“金凤凰”创新产品设计大赛铜奖。

▲唐巧英/素材来源：唐巧英

挫折中倔强成长

我叫唐巧英，1963年出生，今年57岁，娘家在安太乡，也嫁在安太乡。爸爸妈妈一共生了四个孩子，我是家里的老大，下面有三个弟弟。大弟弟现在是县林业局党委书记，二弟弟在老家村里开零售店，三弟弟在乡镇卫生院工作。因为出生在农村，父母都是农民，家境不是很好，我们姐弟几个都比较努力，所以从小就受到比较多的锻炼。穷人的孩子早当家，我们从小就会帮着家里做一些家务。以前用水都要去水井取水再挑回家，不然家里就没有水用，那时候爸爸妈妈都要去干活，我稍微大一点的时候，每天放学回来都要帮家里挑水。

小时候邻里之间的关系很好，年龄差不多的小姐妹都会在一起玩，分享好吃的，互相借穿新衣服，也会交流织锦技巧、生活乐事。总的来说，我的新鲜东西比较多，因为我有两个舅舅，他们家庭条件比较好。大舅舅退休前是融水县人民医院院长，小舅舅退休前是民族中学的校长。两个舅舅经济条件相对来说比较好，经常给我买新衣服、带新鲜（少有）东西回来给我。他们也经常到外地出差，见识较多，回来会和我讲讲外面的所见所闻，给我灌输一些新观念。正因如此，我和同样在大山

▲代表作《锦绣苗山》/素材来源：唐巧英

里长大的孩子相比，胆子更大，在想法和行动等各个方面表现会更勇敢一些。因此我从小就比较爱唱爱跳，在大家面前表演也不胆怯。

我小时候，整个农村的经济条件都不太好，家里比较穷，还有四个孩子，日子过得比较苦。在我们几姐弟人生中，除了穷这一考验，还有一件事对我们的影响也很大，那就是地主成分的家庭出身。在那个特殊的年代，我们的爷爷因为地主身份而遭受了痛苦打击去世了。爷爷去世的时候才50多岁，奶奶很年轻就守了寡。在这之后很长一段时间里，我们家一直“戴”着地主成分“帽子”，去读书学校都不太想收我们，使得我们的学习、生活和工作都会受到很多限制。在我的记忆里，因为自己出身成分不好而遭遇的悲伤经历还有很多，有一些事情对当时的我打击还是特别大的，所以到现在我还是印象深刻。大约12岁，我来到安太中学读书，当时学校有个武术会，招生了十个尖子生，我是其中一员。有一次，县里的教育局举办教师武术培训活动，我成为带队的一名武术教练，负责对来自不同地方的中小学教师进行武术培训。我虽然当时只有12岁，但已经是很多学校老师的教练了。有一次区体院教练到汪洞乡招生，那时候恰好我在融水县的汪洞乡做武术教练，来招生的教练看到我在指导别人的武术动作，觉得我的动作很到位，有不错的底子，准备招我去体院当体育特长生。我家在安太乡，由于那边没有火车，所以教练直接带我从汪洞乡去融安搭车到体校。当时我和教练已经在融安火车站准备上车，学校教导主任突然急匆匆赶到，要把我接回学校，他和我说："学生，你先下来一下。有事，你先跟我回老家。"当时我只有12岁，年纪不大没什么主见，自己也不太清楚发生了什么事情，乖乖地就跟老师回学校了。回到安太中学之后，我才从老师们口中了解到，因为家庭成分问题，所以我不能去体院当体育生。后来我还听说，那位下乡准备招我当体育特长生的老师，因为这件事被停课一周。当时我心里就想：为什么老一辈的事情要强加于我们这些后辈身上？为什么家庭成分会限制我们未来的命运？所以我在学习和工作上一直都特别努力，希望能够通过自己的努力闯出农村，争取到更好的生活。因为这些艰难的岁月里不堪回首的成长经历，我们姐弟四个一直在拼命奋斗，才有了今天的生活。我们姐弟几个也算比较有出息，村里有很多四五个甚至更多孩子的家庭，这些众多孩子里能够真正出到县城工作的却很少。一个家庭有一个孩子能够到县城工作就很不错了，像我家几个都到县城工作的更少，这也是我们经历过别人没有经历过的苦难所带来的一些益处吧。因为我们经历过贫穷和困境，更明白未来是需要自己努力打拼出来的。

▲参加安太中学武术队的唐巧英/素材来源：唐巧英

我们那个年代，初中和高中是连读的，所以我在安太中学读了四年，15岁高中毕业。高中毕业的前一年刚好遇上全国恢复高考，我身边一些同学参加了高考继续读大学去了。我其实也很想参加高考，按照当时的能力也是可以考上大学的。但那时候家里的经济条件差，家里还有三个弟弟正在读书，没有钱支持我继续考大学。作为家里的老大，我只好放弃参加高考，提早出来工作供弟弟们读书。后来弟弟们也很争气，都大学毕业了，对于这点我感到很欣慰。高中毕业之后，我先是在家里帮忙，直到18岁那年才开始在安太小学当代课老师。当时的代课老师，必须工作满五年才可以参加转正考试，工作五年后我一次就考过了，成为一名正式教师。虽然因为家里经济不允许错过了上大学的机会，但是我一直都知道知识是很重要的，所以只要有机会，我都会继续学习深造，希望圆一个错过的大学梦。因此在2000年的时候，我来到柳州职业学院学习汉语言文学专业函授课程。这是我工作很久之后才有机会到大学学习，虽然每次培训学习都是安排在假期，但是我很珍惜也很开心能有这样继续到更高学府学习的机会。

开启苗锦之路

我们家原本是苗族，由于生活在侗寨，当时帮忙登记身份证的村干部误以为我们也是侗族，就登记成侗族了。之后家里想过把侗族改为苗族，但当时变更民族程序比较复杂，就没有变更，身份证上一直写着是侗族。奶奶和妈妈都会织苗锦，我是家里第四代织锦传承人，女儿现在也在学习做织锦，她是第五代传承人。我们那边以前的风俗就是家里面（通常是妈妈）会给女儿亲手准备一些嫁妆。如果生了女儿，妈妈就要开始准备制作女儿的嫁妆。女孩长大一点了，家里就会教女孩子学习织苗锦和制作其他的手工，制作属于自己的嫁妆。那时候，每户人家都很重视女孩子在手工技艺方面的培养，因为在以前那个年代，一个女孩子如果不会织锦这门手工艺，就不利于找婆家，用现在的话说就是："这个女孩可能就嫁不出去，成为剩女。"农村主要生计是以种地为主，都说男耕女织，因此女孩的手工水平在生活中是很重要的。家里的妇女要负责织布，为自己的小孩做一些背带、床单这些生活用品，还要为自己的女儿准备嫁妆。所以说一个女孩子的手工成品好不好、手巧不巧，是选媳妇很看重的衡量标准。虽然从我记事起，大多数人都开始用外面买的衣服和布料，但是我们家里还是会用自己织的布做一些衣服、背篓和被面，穿的鞋子也大多是自己做的布鞋和草鞋。

我记得在我很小的时候，家里还用着煤油灯，大人到晚上就会点着煤油灯织苗锦。我奶奶经常在我睡觉之后就着昏暗的煤油灯在织机上织布，常常做到很晚。有时候已经到深夜，我会被奶奶织布时织机发出的"啪啪"拍板声吵醒。走出房门，看到奶奶在昏暗的煤油灯下，不停地在织机上忙，我既好奇也有点不耐烦地问奶奶："奶奶，你大半夜的不睡觉，在干吗？吵死了，你不睡也不让别人睡吗？我明天还要上学呢！"奶奶和蔼可亲地对我说："孙女你知道什么，我这么辛苦做

▲正在织锦的唐巧英/摄影：采访组

这个还不是给你做嫁妆，你妈整天忙着工作，没空帮你做，我再不做，你以后就嫁不出去，就变成剩女了。我小声一点，你快点去睡吧。”我那时候还小，还不知道什么叫嫁妆，但是看着奶奶那么辛苦熬夜做，心里就开始对奶奶和妈妈做的东西感兴趣了。

我10岁开始跟着妈妈和奶奶学习织锦和做其他一些手工。虽然在这之前没有实际操作，但是她们织锦的时候我一般都会在旁边玩，也会帮忙递线或者拉线做这些简单的事。我便是在这样的氛围中长大的，虽然没有真正去学习织锦，但是耳濡目染，慢慢地也知道一些简单的步骤。正因为有这样的成长环境和经验，后来我学习织锦的时候就比较容易了。我奶奶很喜欢我这个孙女，小时候我比较好动，在她织锦的时候整天在她身边蹿来蹿去。在我大一点的时候，也就是十一二岁这样，她看到我在她旁边乱蹿就会说：“你整天来这里乱搞，真是调皮。来，上织机，我教你织。”那时候我也很好奇，想知道这个苗锦是怎么做出来的，也很大胆，奶奶叫我上织机我也上去，就这样开始学织苗锦。那时候是第一次上织机，还是挺顺手的，后来学着、玩着就爱上了。苗锦里面最难的步骤就是挑花这一步，我哪一步不会或者织错了，奶奶都会很耐心地指出来，一直鼓励我坚持下去。织苗锦确实很难，所以我在12岁的时候也只是学会一点点。

16岁时，我的织锦技艺变得更好了，可以当师傅了，在本地也小有名气。之后我就经常帮人拉线，教人怎么织苗锦、怎么挑花，不论谁叫我去帮忙和教织苗锦我都很乐意。小时候家里的大人要集体到生产队做工，晚上6点左右才下班回来。但是父母还是很看重我学习织锦这件事，他们那时候下班回来会把煮饭、喂猪等这些家务活都一一做完，就为了方便我放学回到家里可以直接上织机织苗锦。通常，我吃完饭之后，就继续上织机织苗锦，一般到晚上十一二点才睡觉。当时每家每户都是这个样子，父母宁愿自己多做一些家务，也不会让家里学织锦的女儿干太多家务活，就是为了让女孩子好好学习织锦和织布等其他的一些手工活，方便以后找婆家。也正是因为这样刻苦地学习，我未出嫁的时候就已经织出了五套苗锦，还有很多其他手工品，包括背篓、围巾等，后来这些东西和那五套苗锦也是作为我嫁妆的一部分礼品，伴我出嫁。在出嫁之后，我还把很多我自己做的东西放在我娘家，但是后来娘家那边的寨子遭遇了一场突如其来的山火，加上寨子的房子又大多是木制的，烧起来不好灭火，整个寨子都被烧了，我放在娘家里的很多织锦和其他的东西也都被烧没了。当时我觉得那些东西没了很可惜，但在灾难面前只要家里人都没事，就已经很好了。

传承民族文化：因为热爱，所以坚守

（一）因为热爱

2008年，我从安太乡中心小学调到融水县青少年学生校外活动中心工作，成为一名少年宫老师。我开始主要负责管理方面的工作，同时还要上课培训学生织锦和负责组织其他活动。在活动中心工作的老师经常要参加许多文艺活动，所以能在这里工作的老师，一般也多才多艺。我这个人比较好动和大胆，喜欢和文艺活动相关的东西，对文艺、技艺、民族文化和民族传统这些比较熟悉，所以在这些方面也得到了更多的发展。

我在活动中心从教十余年，除了负责苗族织锦、刺绣等工艺外，还负责中心其他方面的工作，如节庆负责组织各项活动、民族舞蹈授课和外出展演等。活动中心工作虽忙碌但收获颇多，更能获得到各地学习交流的机会，让我们民族文化在外面的平台得以展示。我经常跟学生说：“我们是山里的孩子，本身文化基础相对差点，

▲融水青少年学生校外活动中心/摄影：采访组

如果我们想跟外面的学生比赛、交流的话，我们没有任何的优势和亮点。那我们不如在节目中融入我们自己民族文化，这样既可以体现出我们的独特风格，又可以向外面展示我们的传统风俗，让更多的人了解我们的苗族文化。"

我很喜欢我们民族的东西，心里一直想的是：不管我从事任何工作，既然生活在少数民族的圈子里，就要把我们民族的文化发扬光大，而最好的民族传承方式就是把我们民族文化教给现在的学生，只要他们愿意学，我就愿意教。在外面学习、交流的时候，我也很乐意向更多人展现我们苗族文化里独特的东西。我去广西民族大学参加非遗培训班的时候，还教东南亚的留学生们吹芦笙。即使是其他民族的人想学我们苗族的传统技艺，我也会很开心地教他们。

以前我都不觉得制作苗锦、刺绣这些是多么有意义的东西，只是当成日常必不可少的生活用品来看待。最近几年，国家越来越重视民族文化的保护，开始宣传、保护、传承民族传统文化，再加上这几年我外出学习交流的机会越来越多，才明白原来苗锦、刺绣这些不仅是生活中的日用品，也是我们苗族文化的一种体现。慢慢地，我变得更加重视这些东西，想要去保护好这些传承下来的优秀文化。我希望能把苗族的织锦和歌舞带到更远的地方，让那些在外面工作和生活的苗族人再见到这些东西时会有一种亲切感和归属感，进而加深苗族人对自己民族文化的认同感。

▲唐巧英（第二排左一）与少年宫的孩子们/素材来源：唐巧英

（二）园丁情怀

我开展的织锦培训班主要对象目前是三、四年级的小学生。因为他们年龄太小了，课程安排相对来说比较基础和简单，主要是为了让学生们认识我们苗族这一个传统的织锦技艺，了解一些传统技艺背后的文化内涵，即使他们不能很快学会学好织锦，我也希望他们能了解代表着苗族文化特色的传统苗锦技艺。来参训的学生升到五年级后，由于学校文化课变得繁重，导致他们来学习苗锦的时间少之又少。虽然学习紧张，但还是有学生在活动中心学习文化课的时候抽出时间在走廊上偷偷“瞄”我上课。这种情况时有发生，有次下课时间我就同他们说：“你们这么喜欢看吗？喜欢就进来一起学呀！”他们很开心，还有点震惊地问：“老师真的可以吗？老师我就喜欢上你的课，你上课太好玩了。”看到他们这么喜欢我的课，我也很开心。实际上，学生们来学习苗锦的时间大多数是课后的空余时间，时间一般都比较短。我希望他们在学习织锦的时候，不会被复杂的苗锦技艺吓退了学习热情。我也一直在想，怎么样把苗锦的制作技艺流程做得更简单一点，这样无论是小学生还是大学

▲指导学生/素材来源：唐巧英

▲指导学生/素材来源：唐巧英

生，都能够尽快看见自己的学习成果。这样学习苗锦收获的开心也会多一点，对自己更加有自信心，也就有动力继续学习下去。现在织苗锦的方法太难了，全靠脑子来记住每一步针法。如果学习的技艺太难，学习的速度太慢的话，可能会打击他们的学习兴趣。我也希望能多一些机会出去学习外面的织锦技艺，引进一些新的方法来改进苗锦制作技艺，让同学们在学习中的收获感更浓烈一些。

我开办的那些苗锦培训班，除了县里的小学生之外，也有一些中专生会来学习（县里有一所中专学校，会安排课程学习）。我除了教学生苗锦技艺，平常也会带他们排练舞蹈，遇到节庆、周末等会到县里的民族广场表演。他们学得很好，群众对表演反响很好。学生们在表演中收获颇多，对民族文化更加地喜爱，励志做好传承和发扬工作。今年因为疫情防控的原因，少年宫里的苗锦培训班一直没有开办，很多学生也一直在私下问我什么时候再继续开办苗锦培训班。我也退休了，但看到学生们这么喜欢学苗锦，我很开心，便同他们说，我在苗家小镇这边有个基地，工具都很齐全，他们有时间也可以过来继续和我一起学习织锦。学生们很高兴，终于能有地方继续和我学习苗锦。但是现在因受疫情影响，线下培训班暂时无法正常开办。

总而言之，参加苗锦培训班的学生，主要还是以小学生为主，他们都是利用课余时间来学习，很少能深入学习织苗锦技艺的。一方面，我希望他们考进更高的学府，在受到更多的教育后，还能够继续跟我学习苗锦织锦技艺，将这门手艺传承下去。另一方面，我希望那些往更高学府或走上其他人生道路的学生，即使他们不再回来跟我学习织苗锦，我也希望他们能记住儿时与我学织苗锦的经历，记住我们是从大山里走出来的孩子，不要忘记自己民族的这些传统技艺，牢牢地记住这些蕴含民族文化的东西。这两点希望，是支撑我一直以来开办苗族织锦技艺培训班的信念。通过培训班，让学生们记住自己民族文化的根和优秀的民族技艺，将优秀的民族文化印在脑子里。现在的时代潮流发展太快，大家都向往更美好的生活，仅仅依靠苗锦这门技艺，来挣钱养活自己和家人不太可能。织造苗锦要投入许多的时间和精力，所以越来越多的人不愿意学习这门手艺。我很害怕以后这些年轻人都不学、都不做了，我们这一门传统的民族手艺就会失传，后人就没有机会见到苗锦这些传统的事物了。

称职的老师与“不合格”的妈妈

（一）“不合格”的妈妈

我1985年结婚，爱人1964年出生，比我小一岁。我们一共养育有两个小孩，大的是女孩，叫吴思，1989年出生，以前是自治县的苗语播音员，做了差不多十年，现在负责融安县政府的党建工作。她现在也是我的徒弟，跟我一起学习织苗锦，是我们家的第五代苗锦传承人。第二个孩子是男孩，1997年出生，现在还在读大学，今天还来这里（孵化基地）帮我摆放这些东西。

我一直都是把重心放在工作上，家里的小孩难免会照顾得不是很到位，所以他们从小就被我锻炼得比较独立。我可以说自己是个称职的老师，但不是个称职的妈妈。小孩都是他们爸爸带的比较多，我还记得在他们小的时候，我去读书进修回来，他们都不怎么认识我了。在去进修之前，我在村里当老师，学校离家还是比较近的。但是因为工作忙，我既是教导主任又是副校长，整天都忙工作上的事情，几乎都不着家，也就不太管家里的事情，照顾孩子自然也不到位。2008年，我到融水少年宫工作，儿子才11岁，和我那时候带的培训班里的孩子差不多大。有时候遇到要课后增加培训的情况，我就没办法及时回去照顾，只能让他放学后一个人待在家。我也经常和我的学生说："我有个和你们差不多大的孩子，因为需要在这里培训大家，所以只能把他放在家里，没有太多时间顾上他。"后来正式到融水工作之后，整天带学生培训、上课，经常有演出、比赛等各种活动，乡村、城市之间到处走，也几乎不着家。我就担心要是自己出差，爱人又有事情外出，小孩自己在家怎么办。所以在两个孩子都很小的时候，我就让他们学会自己煮饭，一开始学习煎鸡蛋、煮面，后来大一点就慢慢学做更多的菜。其实在孩子四五岁的时候，我就开始让他们自己做饭吃了，即使一开始他们做不好，慢慢地多教几次就好了：有时候煮焦了就教他们开小一点火；太咸了，就让他们多放点水。现在他们也不说煮得多好吃，但起码也算是个做饭好手。他们能在生活上独立，这是我比较庆幸的事情了。我的孩子不像现在的很多小孩那样娇惯，我经常开玩笑跟他们说："放你们去野外独自生存一个星期都没问题。"我带学生

▲家人合影/素材来源：唐巧英

出去表演经常要在外面过夜，发现有很多小孩都挺大的了，连自己洗头这种基本事情都不能独立完成，我就感觉自己的小孩这么独立还是很好的。但是让他们小小年纪就要自己面对很多事情，也确实是我这个妈妈做得太少。

一路走来，我爱人照顾孩子和家庭比较多，所以孩子们就经常开玩笑跟我说："我们这一辈子，爸爸不欠我们的，妈妈欠我们很多。"确实，我也觉得自己对孩子挺亏欠的，但我也没办法，工作一忙起来，就会忽略了自己对小孩的照顾和家庭的关怀。但我知道，我的爱人和孩子其实还是很支持我的，我很庆幸家里人都理解我的工作。孩子们长大后，也一直说我不是个称职的妈妈，但也只是嘴上说说而已。他们在心里还是很认可我这个妈妈，在我的工作上也很支持我。家里人的支持对我来说是很重要的，特别是我爱人，家里和孩子一直都是他照料得比较多，但是他不会抱怨我。他一有空就会过来帮我收拾工作室，充当免费劳动力。现在我女儿和女婿也是一有空就过来帮忙。我做的这些民族传统文化的东西，没有他们的支持是很难坚持下去的，因为我做的这些工作不仅没有工资，还要倒贴劳动力、金钱，但是家里人一直不厌其烦地来协助我，我真的很感谢他们在背后一直给予的支持。

（二）技艺传家也传外

算起来，我女儿真正开始跟我学织苗锦是在2009年，那年她大学刚毕业回到融水工作，有更多的时间跟我学习织苗锦。以前她看到我经常在家织苗锦，也会过来看一下我在干什么，也会问我怎么织。现在女儿只要有空，都会来跟我学织苗锦。在她的带动下，现在我的小外孙女也会纺线、剪线这些简单的基本工作了。但是女儿现在工作也比较忙，有了家庭之后还要照顾小孩子，最近也是因为孩子大些了才有更多时间投入到织锦学习中去，所以她到现在只能织素锦，复杂的挑花还是不太会。她在政府部门工作，实际上靠织苗锦来养家目前是很难实现的，所以她更多的是把织锦当成一种传承民族文化的爱好坚持学下去。

▲教授女儿吴思学习织锦/素材来源：唐巧英

说起来，我们这个孵化基地空

▲在外教学/素材来源：唐巧英

间很大，但想在这里建立一个苗锦产业工作基地，将织苗锦作为一种养家糊口的职业是很难的。我2018年退休之后开始全心全意地投入到织苗锦和传承苗族传统技艺的工作中去。我们这里很多人都会织苗锦，也有很多人找到我表示想要跟我学织苗锦。我由于以前是在职在岗的教师，闲暇时间少，所以也没有招收很多徒弟。记忆中我收徒弟比较多的那段时间，还是在我生第二个小孩的时候，在家待产那会儿，大多时候就在家门口摆上织机织苗锦，邻里的妇女也会过来看着我织。她们发现我织的苗锦在配色、花纹上的风格和传统的苗锦有很大的不同，做出来的这些苗锦也很好看，都表示想跟我学习织苗锦，希望我可以把新的样式、花纹、配色教给她们。于是越来越多的人来向我学习如何织锦，但也不会特意说是拜师和收徒这种正式的关系。无论谁来问我，我都是回答："没问题，只要你喜欢、想学织苗锦，我就肯定教。"

其他的时间，尤其是寒暑假，我没有什么工作的时候，会在家门口织苗锦。我家恰好在公路旁边，而那条公路几个村子出行都会经过，因而人来人往常会碰见熟人，无论熟人、陌生人看到我在织苗锦都会过来看看。于是我经常一边织锦一边和他们聊天，有些人就会想跟我学织苗锦，我通常都会爽快答应："可以呀，想学我就教你们。"当时我的织锦技术在本地也算是小有名气，还有几个人特地从隔壁村跑过来跟我学习织苗锦，仅仅是同村的就有三四个人来跟我正式拜师学习织苗锦。

我这些徒弟中只有两个同村的徒弟是从零基础开始教的，其他徒弟都有一些基本功底。我自己也会创新一些新的挑花方法，织的速度会比传统的要快些，样式也比较多，我也很乐意把这些新的技巧教给他人。我在苗锦的制作中，很喜欢尝试和琢磨新的织法。我想反正是自己做的东西，有想法就大胆去做、去尝试，做得不好、不对大不了拆了重做，如果能试出新的样式那更是锦上添花了。

匠心传承，倾囊相助

（一）空有其心，难行其道

2018年，我退休之后开始有了开店的想法，尝试进行“苗锦产业化”。因此我在2019年开了一家融水县爽斗伦织锦手工艺加工店，规模比较小，目前还没有盈利，主要是做一些展品。现在经营门店很困难，特别是做纯手工的东西，因为制作很慢，人工费贵，如果往机器化生产这方面发展，会有一些可观的收入。我开店主要还是想着如果真的成功了，就能有更多的机会把自己的技艺展示给更多喜欢苗锦的人看，也希望有更多资本支撑我做自己喜欢的事情。我也希望把店做起来之后，把我们苗族的织锦、刺绣等一些手工品推销出去，不仅让外面更多的人认识和爱上我们本民族的东西，也希望给那些想学习织锦的人一个靠自己手艺挣钱养家的平台。因为只有当这门手艺可以让人们养家糊口的时候，才会有更多人继续坚持把这门手艺传承下去。

但是，产品销路的问题一直困扰着我。在20世纪七八十年代的时候，农村都很贫穷，大家的生活都不富裕，我们帮人家做织锦主要是用来换东西，几乎不会拿去卖钱，也没什么人有钱买。现在我做的织锦和刺绣，有时候朋友看到觉得喜欢，我也会免费赠送，朋友们也会想给我一些报酬，但我都拒绝了。其实最主要的原因是我不知道该怎么用钱来衡量自己做的东西，毕竟做民族手工艺这种东西很费精力。像现在我也有一些作品挂在这里展览，有时候也会有人来问我怎么卖，我也不知道卖什么价钱合适，因为我从来没有卖过，如果真的要定价格，我一整天不停地织才能织出几厘米的苗锦，要是太便宜连人工费都挣不回来，但是如果按照苗锦的造价、花费的时间和精力来计算的价格太高，买的人又会觉得太贵买不起。去年我去外地参加比赛的时候，一个浙江的老板看到我参加比赛的苗锦作品后，希望有机会想和我合作生产售卖这些苗锦，但是我不敢轻易地答应，我同他坦白说我才刚刚起步，各种资源和生产设施都不是很完善，所以还不能安心答应合作事宜。回来之后，很多亲朋好友就说我胆子小，应该先答应下来，谈好生意事宜之后回来马上招工组织人员进行生产。我想着这样好像也行得通，但如果时间可以倒流，按我的性格，还是会如实地和他说我还没能力去做好这件事。我这个人比较正直，也不想欺骗人家，也怕对不起人家的青睐。

说真的，除了价格定位外，我对于销路也还没有具体的发展方向。我也想过组织一个团队，但是万事开头难，没有资金启动，也不知道要怎么样走下去。我现在申请了几个商标，比如“爽斗伦”商标。“爽斗伦”是我们苗语里“低脚机”的谐音，商标中织机上正在织布的妇女就是我自己。我一共申请了五个商标，就想着先做好自己的商标，往后销售也顺利一些。我刚退休起步做生意，很多生意、市场上的问题还不够清楚和了解，加上我自己做出来的产品还比较少，还需沉淀。所以我想着先做好一个展示门面，让大家知道我的产品有些什么和为什么好，把自己的品牌做起来，才能有进一步的合作和交流。所以短时间内，我还没有办法大量地制作、售卖织锦产品。

▲“爽斗伦”商标注册证/摄影：采访组

（二）守望相助，扶贫致富

我进驻的苗家小镇产业孵化基地，由政府提供地方，挂靠在广西传统文化工艺中心。这个基地其实也有一些其他技艺大师入驻，本来准备放置一些蜡染、陶瓷等

▲培训当地妇女/素材来源：唐巧英

▲培训班合影/素材来源：唐巧英

工具方便进行教学和工作，但因为疫情影响被耽搁了。我入驻这里的时候，没有什么东西，就空旷的一个地方。征得领导同意后，我就把自己到处收集购买的十几个旧织机放到这里，暂时作为一个苗锦工作室，负责接待一些来这里培训和考察的领导和学者。现在我已经搬进这个孵化基地有几个月了，其间也有不少领导来这里考察，也有不少新闻记者进行报道，以至于我身边的亲朋好友理所当然地误认为我已经赚到大钱了。实际上基地里的织机和材料都是我自己带来的，有时候需要请人帮拉线、织布、挑花，也都是我自掏腰包。比如摆放在这里的这些织机，很多都是我从乡下老人家里收购回来的。村里的老人年纪大了，很多织机就不用了，放在家里楼阁中闲置，有一些甚至当成垃圾处理。我去乡下看到这些织机都被扔在一旁，心里总会觉得很不是滋味，觉得自己一直在坚持的传统织锦被抛弃了，所以就自己花钱将它们买回来了。收购回来之后，我家里人也帮我一起将这些堆满灰尘的织机清洗干净。有很多织机都因为闲置太久，已经腐烂损坏了，我还要请木匠师傅一一进行修理。去乡下回收这些老东西，不仅费钱、费力，还费时间，光是回收和清理这些织机就花了我大半年的时间。我爱人看到我费心费力折腾这些东西，有时会说：“你整天搞这些东西，可是又看不到这些东西的用处，都不知道你的方向在哪里。”但想着可以保护和传承好我们民族的技艺，我觉得这些都不算什么。

苗家小镇周围很多都是生态移民过来的贫困户，经常有一些年纪比较大的妇女来问我：“唐老师，你这里收不收工人？跟你做这些有收入吗？”我们这里有这样一个“专接送孩子”的妇女群体，平时就负责接送小孩上下学，没事就在学校附近的广场闲聊坐等孩子放学，没有什么经济收入。一些领导也跟我们交流过关于贫困帮扶与就业的事情，其实我个人也有这样的想法。我想办起自己的事业之后，能给这个群体提供一些工作机会，让她们用自己学到的苗锦技艺挣到一些钱。前一段时间，我办了一个针对扶贫搬迁建档立卡贫困户的免费培训班，来参加的都是附近四五十岁的妇女。政府组织她们过来培训会给她们一些补贴，但是其他的资金，比如材料费、人工费等都是需要自己贴钱，连教学设备也是我从原来单位借来的。其实她们大部分人都会简单地使用织机，只是扶贫搬迁出后觉着没有需要就没从村里把织机带出来。看到她们来到这里学习时满脸笑容的脸庞，能让她们重拾学习织锦技艺的热情，传承我们这门传统工艺，我的付出还是值得的。

（三）技不在多在于新

广西是一个多民族聚居的地方，因此各民族的织锦都各有特色，其中壮锦作为四大名锦之一，毫无争议它的知名度是最高的。我去广西民族大学参加非遗培训班的时候，有两位壮族织锦技艺的传承人老师给我们上课，让我了解到很多关于壮锦的知识。学习结束之后，我将苗锦和壮锦这两种织锦进行对比，发现它们在技艺上有一些相通的地方，但也存在着差异，例如在配色、花纹等方面，苗锦和壮锦有着

▲唐巧英介绍苗锦作品《锦绣山河》/摄影：采访组

很大的不同。苗锦色彩搭配比较鲜艳绚丽，这是苗族人民喜爱艳丽色彩搭配的民俗特色体现；在花纹上，苗族喜欢创造各种各样的花纹，用来表达苗族生活百态。以我们杆洞乡为例，那里以制作百鸟衣为名，将百鸟作为吉祥物，创造出独特的鸟纹，同样我们也运用这些鸟纹到织锦上，常见的就是百鸟图。很多织锦上的花纹都是我们苗族人民根据自己所见所闻所感创造出来的，我自己创新的花纹是牛纹，这在我们苗锦传统的花纹中是没有的。因为牛是我们苗族的图腾代表之一，我们的坡会有斗牛的民俗习惯，所以在苗锦中使用牛纹也是我们民族文化的体现，也很好展现我们苗族人民的一个生活状态。我们苗族有自己的语言却没有自己的文字，因此所有的苗锦织法、花纹都是靠苗族儿女口口相传，老一代教给下一代，在传承的过程中可能会遗漏、遗忘一些东西，导致很多传统纹样因后继无人而失传了。我这些年也在不断学习，记录那些传统的苗锦纹样、织法，将它们运用到自己的织锦作品中。这些图案、花纹样式、每一针每一步等细节，都要深深地刻在脑子里，织锦时才能顺利地织出每一朵花纹。但是很多人在开始学织的时候会觉得这些很难记全，也就难以坚持继续学习下去，所以专注和耐心是我们织好苗锦必不可少的。

我们的织机分为高脚机和低脚机，壮锦主要是使用竹笼机。在制作壮锦时，使用竹笼机可以提前挑好花之后将线按一定顺序摆放好挂在竹笼里，在织的过程中就不用一针一针地去挑花，就像提前设好一个编码，只要一直织下去就行。我很羡慕壮锦这样的制作方式，我们苗锦每走一针都要挑一次花，织的时候很费时费力，因此速度很慢，一天只能织几厘米的宽度，而壮锦竹笼机的制作效率是我们的好几倍。

▲唐巧英的织锦作品/摄影：采访组

▲织锦抱枕产品/素材来源：唐巧英

所以我也在思考如何将壮锦这种高效率的制作方法运用到我们苗锦的制作中去，这样制作起来也没有那么难，学起来也比较容易，大家的学习兴趣也就起来了，也就有了坚持下去的信心。但在挑花这个过程中遇到了一个比较大的技术难题，也就是说如果想要提前挑好花，但要用到不同线的时候就不知道该怎么换线了，我现在还没想出很好的解决方法。虽然我想借鉴壮锦竹笼机的制作工序，但还是要和壮锦区分开来，因为我们做的是苗锦，不可能照搬照学，创新的同时也要保留我们苗锦特有的织锦工艺。

随着我外出学习和交流的机会不断增多，不少活动都要自己带着织机出门演示和展览，但织机都是用木头制作的，体积比较大，要运到外地无法搭乘飞机、高铁，需要特意租用货车运输，所以是一个特别麻烦的事情。后来我就想了一个办法，就是制作一款可折叠的织机，这样方便携带。我找了会做织机的师傅，按照我的要求先把一台织机拆了，将织机比较长的木杆对折隔断，在切口间加上螺丝孔，用钢板连接。这样我就可以拆开把织机折叠收到包里，到达目的地再装上螺丝、螺帽组装好。我第一次带着改造的织机出门是到南宁参加活动，当时用箱子装线，再用一个大背包来装织机，就这样背着织机出门了。见到我的人都说："唐老师你背着那么大的背包和行李箱，这是要下乡吗？"我笑笑不说话，到了南宁东站，来接我的人就疑惑地问："唐老师，不是说要带你的织机来表演吗？你的织机是另外托运到哪里了呢？"我笑着指了指我背上的背包说："这就是我的织机呀，我放在背上背过来了。"到了举办活动的地方，当我从包里拿出一堆木头时，负责人问我："唐老师，你怎么只拿了一堆木头，你的织机呢？和你发给我的图片里长得不像呀？"我自信地说："给我十分钟。"接着我就开始自己组装，很快就装好了一台织机，他们看了都感叹道："唐老师，你还有这一招，这个织机可以哦！"就这样，经过这次之后，我又改造了好几台折叠织机，方便自己携带外出进行表演和学习。

以前我们都是用自己种的棉花纺成线来织苗锦，但现在更多是用机器做成的线，因为既方便又便宜。我现在做的苗锦不褪色是因为经线用棉线、纬线用细毛线来织，这样织出来的苗锦比较暖和，适合用来做被套。而且加入细毛线的织锦，在织的过程中也比较好操作，因为细毛线比较软，拉的时候更容易平整。我去广西民族大学培训之后，发现大家做出来的东西销路都不错，也想做出新的原料改变，开拓新的苗锦销路，就问培训班的谭老师："现在用什么线织出来的苗锦比较值钱?"谭老师建议我用丝线试试。但在实际操作的过程中，我发现丝线材质比较硬，对力度的掌控要求也更高，织出来的苗锦很容易松垮。后来我经过不断尝试，发现用丝线做苗锦的时候可以先将丝线拆开再重新搓成线，这样揉搓出来的线可以像刺绣用的线一样柔软，丝线硬的问题就解决了，织出来的苗锦也会比较密，色泽也比较亮。现在我也想在材料和图纹各方面进行改进，慢慢提升苗锦的品质，做更高端的产品。

目前我也在进行不同领域的合作与创新，期望可以研发出与苗锦相关的产品，打开更多的市场。我工作室隔壁是一位宜州制陶大师的工作室，我想和他合作，将苗锦和陶瓷结合起来，设计一些新的产品，做些以前没有的新尝试。现在这个想法得到了一些实现，我们先在陶罐外贴上苗锦，以苗锦作为装饰，为单调的陶罐增添色彩。我也放了几个成品在工作室展示，观赏效果还是不错的。现在隔壁的木工师

▲唐巧英改良的织机在2019年融水斗马节现场展示/素材来源：唐巧英

傅也想和我合作，就是利用他们木材多余的边角料和苗锦结合起来，做一些有本地特色的文创产品。比如我们打算推出一款苗锦和苗药结合的苗族特色养生木枕，也就是利用松木做出木枕的大体形状，以苗锦做木枕的装饰，再将一些具有养生功效的苗药放进木枕中。现阶段我们的这个想法还在实验中，还没做出满意的成品。

▲陶艺与织锦的结合/摄影：采访组

▲尝试木艺与织锦的结合/摄影：采访组

四、大家谈大师

（一）女儿吴思

我今年32岁了，目前在乡政府工作，从小跟着母亲学习织锦和苗绣，是家里第五代织锦技艺传承人。在我小的时候，外婆和母亲她们白天务农或者上班，晚上才开始织布，然后我会在旁边看着。而我真正开始学习织锦是从2009年开始的，母亲先从拉线和纺线这些开始教我。通常是她自己先做一遍，我在旁边观察一遍，然后再学做一遍，就这样经过反复的练习，织锦技艺才比较熟练。说到学习这个技艺，当时我就觉得是一个爱好。比如把线从这个槽拉到另外一边，然后把不同颜色的线拉起来，最后变成一张布，这个一层层变化的过程让我对织锦产生了很大的兴趣，所以才想着跟着外婆和母亲学习织锦。现在我外婆年纪大了，眼睛有些看不见了，不能织锦了，我母亲就传承了下来，因为老祖宗传下来的东西我们是不能丢弃的。有时当看见母亲一针一线地织着锦，我便觉得很感动，特别像我们80年代出生的人看见了特别有感触。可能哪一天我母亲年纪也大了，视力也变差了，看不大清楚的时候，最后传承的这个重担就到我这里来了。母亲和外婆能坚持下去，我也要有信心能够传承好这门织锦技艺。

▲吴思在家纺线/素材来源：唐巧英

我在大概小学五年级的时候，曾和母亲合作过一幅小作品。那时候我在农村上学，参加了一个手工艺比赛，当时看见同学画画，他们说要画一幅关于农村小桥流水人家的画面，我就想能不能在织布上绣一些图案来参赛。回到家后，我和母亲说了这个事情，她很支持我的想法。我那时的主要想法是绣中国地图，但却不会画画，于是母亲就帮我画了一个图稿，然后一针一线地教我绣出形状，并在地图中间绣了“中国”两个字，在旁边也绣了个国旗在那里。最后我就把这幅作品交了上去，得到了老师的夸奖：“吴思同学，你这个想法不错啊。”当时我真的特别开心，还把作品带回家好好保存起来。只是在2008

年的时候，老家发生了火灾，我们村的老木房子被烧了，我那幅作品也一起被烧没了。那是我人生中第一幅作品，虽然绣得歪歪扭扭，但也是在母亲的指导下花了两个晚上完成的，是我和母亲共同完成的第一幅刺绣作品，对我来说意义很大。就是在那个时候，母亲在我心中种下了传承本民族技艺的种子。

因为母亲以前在学校当老师，所以她各方面的思想也比较与时俱进。以前织锦时，在颜色搭配上要么白色，要么蓝色，白色和蓝色交叉使用，我母亲就会和外婆说可不可以混点红色进去，让颜色变得更丰富一些。又比如在蓝色和白色间隔两三厘米加一些红线，做成正方形图案，让纹样更加多样。加上这么多年来她不断地在学习，通过媒体、电子产品了解当下社会上很多有意思的东西，在想法上也有一些大胆的创新，实际创作中也在慢慢突破，不断添加新元素，让我们的作品更具新的亮点。我一直认为母亲肯定能把这门手艺越做越好，因为她无论做什么事情都一定要做到最好。家里每一个人也非常支持她，只要她喜欢，有什么新奇的想法，想去哪里参加学习、参加比赛，我们都十分支持。我们也不是想让她一定要做出什么样的成绩来，只要她快乐、开心、幸福就好了。最重要的是，我们也不能把老祖宗的东西忘掉，要一代代地传承下去，而我自己也会一直努力下去，多创作出一些作品，争取成为母亲的好徒弟。

▲采访合影/摄影：采访组

（二）合作人曹竑

我们这里本身是广西传统工业孵化中心，我的木艺工作室就在她隔壁。我以前在融水新闻见过唐老师，也在一些朋友口中多多少少了解到她的一些故事。就我个人而言，我对苗族文化的了解并不是很深，也是经过唐老师的一番介绍之后，才觉得我们苗族蕴含的东西非常丰富。唐老师织锦的时候是没有底稿的，基本都是在脑中形成一个框架后，直接使用不同色彩的纺线织出不同的图案。对我而言，我觉得这个难度真的非常非常大。她的作品很有社会效益，但是经济效益其实比较小，因为她一个月手工织出来的东西有可能不到三四寸，所以就是说她耗费了很多心血精力织成的作品要按收益来衡量的话，一件小物件起码也要几千块吧，但是如果用这么昂贵的价钱向外售出，估计很难售卖出去。所以我觉得她做了这么多，靠的就是执着，是对理想的追求，不以金钱作为衡量。而我们手工艺人靠的就是这种锲而不舍的精神，才可以将民族技艺传承下去，所以我觉得她就是我们整个孵化中心的标杆，值得我们学习。

虽然我是做木艺的，但是和唐老师在文化产品上也有很多的交流和探讨。比如说我们这边做木材工艺的时候，也在表现我们的思想、我们的传统、我们的追求爱好。但是相对来说，光木头的表现力来说可能就比较单调一点。所以我正在跟唐老师进行合作，对木制品进行某种程度的嫁接或者包装，至于做得成不成功，要看市场的反应。具体来说，我们正在用这一些稀缺的木材来做木枕头，这个枕头是中空的，里面可以放置一种宁神助眠的苗药，然后我们再利用唐老师做的织锦来做一个枕巾，这样两者就可以进行结合了。

唐老师身上有一种大家闺秀的风范，她也是一个非常开朗活泼的人。每一次跟她交流之后，我都觉得我们的年纪一下子往前倒退了十几年。我们可以无拘无束地交谈，不仅仅是民族文化传承方面，也会对一些社会现象相互讨论。她经常到全国各地参加文化传承交流展示会，而且都是自掏腰包。她现在从文化宫退休了，所以外出基本没有经费报销，组织方也不会提供任何的经济支持。在这种情况下，她就是凭着满腔热血去坚持，希望有更多的人了解苗族的民族文化。她真的是一个对梦想有追求的人，我很敬佩她。

（三）徒弟何素文

我很小的时候就认识唐老师了，我家在怀宝镇东水村，她家在安太乡上坎屯，其实就是隔壁村，但还是有一定的距离。我们山里面有一个风俗习惯就是过年的时候要到处走走，那时我的父母就带着我去到安太乡，刚好遇见她在家门口织锦。我那时也特别喜欢织锦，就凑过去看，然后她问我有没有兴趣学，我说很想学，后来

▲何素文（右二）接受访谈/摄影：采访组

她就开始慢慢地教我了，没有任何仪式或者契约，仅仅单凭我想学，她就很乐意地教我，于是我们就在那时候有了第一次交流。但是那时我还很小，交通也没有那么方便，我一个人又不敢走山路，所以基本都是春节的时候和父母到隔壁村才找她学织锦。我20岁的时候嫁人了，那个时候刚成家，孩子又小，婆家离唐老师家还是有一定距离，所以慢慢断了联系，就没有继续再学了。

2017年，政府让我们这些贫困户搬迁到融水县城来住，没事的时候我就会到附近的苗家小镇走走，没想到在那里遇到了唐老师。在那之后，我就继续跟着她学习织锦。现在感觉我们像两姐妹一样，像家人一样，特别地亲切。她教我织锦的时候非常有耐心，平日里也非常地开朗、热情，而且她技艺真的很高超，我十分佩服她。我还参加过她组织的一次培训，她召集了小镇上对织锦刺绣有兴趣的人来这里学习，跟大家讲述民族文化知识，还展示了她自己做的背带盖和床单，我们觉得非常好看。后来政府也支持我们开培训班，所以我们都能在她这里学到很多新的东西。我在这里学习的时候，唐老师知道我家庭困难，也会给我一些生活费，我真的特别感谢她。我成家的时候，家里生活条件特别艰苦，想过要放弃这门手艺，现在遇到唐老师我想要继续再学下去，争取像她一样学会织各种各样的苗锦，然后到外面去看看世界。来这里学习，我家里人也很支持，因为我自己也是苗族，苗锦是我们的民族特色，需要我们每一个苗家儿女去传承。

（四）同事黄立萍

我后期才调去文化宫工作，我们的织锦培训班2010年开始开办，唐老师主要负责织锦的培训。我接触她之后，觉得唐老师是一个对工作非常有热情，非常有干劲的人。每一次我们给她分配任务，她都尽自己最大的能力去把事情做好，是一位淳朴、热情，踏实肯干的好老师。我对她印象最深刻的事情就是，我们文化宫中心那十几台织布机已经用了很多年了，十分老旧，她和她爱人加班加点过来修理机子，并且没有提出需要任何报酬，完全是自愿过来帮忙修理织布机的。而且她把自己的工作室打理得非常好，不仅仅是在上班的时候，下班回家之后还会拿她的作品来进行布置，让学员能够更直观地看到我们苗族织锦是多么美好的事物。唐老师工作起来没有上班或者下班的观念，只要做了那个事，就会全身心地去投入，而且不计报酬。就算她现在退休了，只要文化宫有活动需要，她都会立马赶过来支援我们。

她对于民族文化传承这一方面的工作，非常有干劲。我们觉得在民族文化传承工作上，她已经做得非常好了。我们最需要的就是要把这些传统技艺很好地传承下去，传承给我们的下一代，因此我们现在最缺的就是像唐老师这样持之以恒的匠人。所以我觉得她现在做的事情非常有意义，特别是她退休以后，依然热衷于传承织锦技艺，传播我们苗族文化，特别值得钦佩。

京族服饰制作技艺传承人——樊文英

一、京族服饰制作技艺概述

京族是我国唯一的海洋民族，京族人主要分布在广西壮族自治区防城港市，主要居住在东兴市江平镇的巫头、山心、万尾(俗称“京族三岛”)。京族服饰作为京族传统文化传承的一个主要载体，在反映京族的历史与现状、外在特征与文化内涵方面占有不可替代的位置。2010年，京族服饰制作技艺被列入自治区级第三批非物质文化遗产名录。

据《防城县志》记载:“江平的安南人(20世纪40年代以前人们称京族为安南人)的服饰，男衫长过膝，窄袖袒胸，腰间束带，女衫长不遮臀，裤阔……”经过多年的改良与创新，为更加突出女性的线条和婀娜身姿，现女子服装主要呈现出紧身、收腰、窄袖的特点，服装外套多采用对襟，两边手工制作并镶嵌花边或各种图案，里面搭配肚兜或是吊带并在前面用多种颜色镶嵌出多彩的图案。衣服的色彩以亮色为主，如亮粉、金黄以及白色。在京族，白、高明度淡黄、粉绿、粉蓝等颜色常被认为是富有女性感的色调，也是夏季常用的服装色调。[①]

京族服饰在色彩、款式风格上并不能够体现贫富差距，但是制作衣服时的用料优劣却可以看出财富状况。因京族人居住在海边，常年需要去赶海，故京族服装多以轻薄的、透气性良好的布料为主，以显示其飘逸。平常人家通常是穿自己织出来的粗织麻布料，富有人家通常是蚕丝织品、香云纱等贵重料子。香云纱也称薯莨[②]纱，“其制作方法是:先将织好的丝绸或麻等料子放在薯莨汁中浸泡，然后晾晒……反复多次，最后一道工序是用淤泥涂抹在面料上，待泥质中的铁离子和其他生物化学成分与薯莨汁中的鞣酸充分反应，生成了黑色的鞣酸亚铁之后，抖落淤泥，清洗干净，就成了面黑里黄、油光闪烁的香云纱。”[③]由于它制作工艺独特，数量稀少，制作时间长，要求技艺精湛，具有穿着滑爽、凉快、除菌、驱虫、对皮肤有保健作用的特点，因穿着后涂层慢慢脱落露出褐黄色的底色而在过去被形象地称为软黄金。传统的京族服饰不仅有男女之别，在不同的场合也有各自特点。

男子服饰:穿无领、无扣的袒胸上衣，腰间还束以一条或两条彩色腰带，有的束至五六条之多，并以腰带的多少来显示自己的富裕或能干程度。由于其衫长过膝，衫衩的裂旗又开得很长，所以平时就把两边的衣服撩起，打成球结置于腹部。这种扮相，使人感到洒脱、俊逸、自然而豪放。男衫的颜色为浅青、淡蓝或浅棕三种。

①毛袅:《京族服饰文化简介》,《大众文艺》2015年第129期。
②薯莨:是一种染料，京族的薯莨纱呈红褐色，浸泡晾晒的次数不是很多。
③何思源:《中国京族》，宁夏出版社，2015。

裤子惯为黑色，既宽又长，其裤裆尤长，几乎是裤长的三分之二。

女子服饰：青年女性穿白、青或草绿色的上衣，裤子多为黑色或褐色；中年女性多似浅绿色衣配以黑裤；老年女性多用棕色衣或黑衣黑裤。裤脚很宽，远看似飘动的长裙。上衣很短，开衫脚仅至腰间而不及臀部，故有“长不及臀”之说。衣袖窄，其宽度仅能穿臂。其衣同样无领而开襟，但有纽扣三粒，袒胸处则遮以一块绣有图案的菱形小布：年轻人用红色，中年人用浅红或米黄色，老年人用白色或蓝色。这小布通常称“遮胸”，又俗称“胸掩”，是妇女常用的装饰品之一。

外出服饰：如果离村外出、赶圩入市或探亲访友时，妇女加穿一件旗袍似的下摆较宽的矮领窄袖袒胸长衫外，还需戴一顶黑色或棕色的圆顶礼帽，俗称“头箍”。

▲京族服饰展示/摄影：采访组

▲店内京族服饰展示/摄影：采访组

这种穿戴上的习俗无论贫富，都是相同的，只是在用料的优劣上有所差异而已。多数家境平常的人家用自制的粗织麻布料，富有人家选用绫罗绸缎、蚕丝织品或香云纱，以及黑、红、白、褐等色的贵重料子。

婚礼服饰：在婚礼中，新郎穿的是草绿或浅绿色的长袍花和深蓝或浅蓝色长裆阔脚裤，新娘穿的也是长袍衫和长裆阔脚裤，只是其衫是大红或浅红的，其裤是黑色的或褐色，用红色丝布遮住脸。

二、采访手记

时　间：2020年8月26—28日

地　点：东兴市江平镇樊大姐服装厂

采访人：杨小君、韩月、诸葛成影、程湘镕、蓝海源

2020年8月底，我们师生一行6人从南宁出发，历经约140公里，乘动车转汽车到达了广西壮族自治区防城港市下辖的东兴市。我们此行采访的重点是江平的京族服饰制作技艺传承人樊文英老师。京族是东兴乃至防城港市最具代表性的少数民

族，但对于习惯了借助百度来了解外界事物的我们来说，停留在印象中的京族服饰文化，仅仅只是一个模糊甚至僵化的轮廓。“纸上得来终觉浅，绝知此事要躬行。”历时两天的集中采访，为我们开启了与京族服饰亲密接触的窗口。

樊文英老师的服装厂所在的街道比较窄，甚至容不下两辆轿车并排行驶。刚到服装店时，映入眼帘的是“樊大姐服装厂”金色的大字，和我们想象中的服装厂不一样，门面没有想象中气派，看装饰也有些年份了，在这条街上也不算特别起眼，只有前门挂上的牌匾提示着我们这是自治区级传承人樊文英的京族服装店。我们在服装厂门口既没有听到“轰轰”的几十台缝纫机一同工作的声音，也没有看到想象中那种大型制衣厂的那种规模。走进店里，映入眼帘的是大大小小、形态各异的窗帘样式，我们首先看到的是伏在缝纫机前工作的人，也就是樊文英老师的丈夫刘胡强。服装店有两层楼，楼上是裁衣间和员工休息室，楼下是狭长的走廊，以洗手间为界，一半是刘胡强的窗帘铺子，另一半是樊文英老师售卖和制作京族服饰的铺子。一路顺着走下去，过了刘胡强的窗帘铺，就是两间挂满了五颜六色的布料和做好的衣服的房间，里面还放了几个穿着京族服饰的模特。接下来到了服装厂的另一头，右侧的墙边三台缝纫机一字靠墙排开，墙上是樊文英老师的个人简介以及京族

▲京族服饰制作技艺生产性保护示范户 / 摄影：采访组

服饰的制作技艺介绍，左侧是一个玻璃展示柜，挂着她做的一些京族服饰。店面中，进门两侧放着两个穿着京族服饰的模特，正对门口也放着三个模特，模特上方挂着“京族服饰技艺传承基地培训班”的横幅。

来店里的散客不多，一般都是某一个组织下单一大批服饰，比如演出服、幼儿园园服。即便如此，每个人都要来店里进行量身，京族服饰最大的一个特点就是量体裁衣，私人定制，因为唯有这样做，衣服穿起来才好看。我们一边观看，一边等待店里主人的到来。不久，我们听到门外传来一阵爽朗的笑声，大家不约而同地望去——“你们来啦！”只见樊老师带着满脸的笑容，迈着轻快的步伐走进店里。她和我们想象中的不太一样，我们曾经猜想，樊文英老师的形象或许是终日坐在缝纫机前、不擅长表达的人，但她却热情、开朗，脸上始终洋溢着自信的笑容，在工作中细致，干净利索。

三、京族服饰制作技艺传承人自述

◎人物名片

樊文英，女，汉族，出生于1966年，东兴市江平镇人，初中学历。从1982年开始学艺，并于1987年开始创办服装厂，从事京族服饰制作技艺至今有30余年。樊文英虽为汉族人，但受京族外婆的影响，从小就生活在一个京族氛围浓厚的地方，于是便对京族和京族服饰制作产生了极大的兴趣。初中毕业后进入当地食品公司工作，而后于1982年拜越南归国华侨高红杰为师，出师后便开办服装店一直至今。

▲樊文英/素材来源：樊文英

自从事服装行业以来，樊文英为许多大型活动设计和制作衣服，其中也有一些被博物馆所收藏。她为历年京族三岛哈节活动的执旗手、锣鼓手、香公、排祝、读祝、引唱、通唱、哈妹、陪祭、主祭、礼生、亭长等岗位人员设计和制作长袍、中衫、马褂、长裙、长裤、礼帽、头饰等各种式样的服装，共计900多套；为京族人大代表何玲、苏明芳、刘维玲等人出席南宁、北京会议设计和制作镶边绣花长裙，镶边立领中衫男礼服10套；为独弦琴传承人苏春发，演奏家黄能、苏海珍等人参加比赛，出赴澳、日、美、韩以及全国各地表演设计和制作礼服、绣花长裙8套；为“京族金花”“奥运宝贝”唐小媛参加大型演艺活动设计和制作华丽表演长裙8套；为参加北京奥运会开幕式演出的京族青年赵霞、郑爱莉、王利华设计和制作嵌花长裙、镶边立领中衫礼服6套。2008—2009年，广西民族博物馆与东兴京族博物馆收藏了樊文英制作的传统男女衫、裤、帽、袍、裙共12件；2011年3月，她制作的绣花长裙、中衫礼服4套作品被选送参加广西旅游品牌博览会展览；2015年，她经营的服装厂成为自治区级非物质文化遗产代表性项目生产性保护示范户；2017年，樊文英成为自治区级京族服饰制作技艺传承人；2018年，樊文英荣获防城港市创新创业女企业家称号，被评为防城港市第二届民间文化人物等。

缘　起

（一）家，筑造梦的开始

我家有9口人，7个兄弟姐妹，其中4个妹妹、2个弟弟，我是家里老大。我在镇里的江平中心小学念书，后来上了江平中学。小时候父母没空，就把我们几个托给外婆带，所以我受她的影响很深。她是京族人，在家里除了去赶海、种地，就是养蚕、织丝。我们几姐弟摘来桑叶喂蚕，会比谁摘得多、谁喂得多，这样外婆就可以多做一件衣服。我小时候经常跟在她后头转，看她把蚕丝抽出来再用海菜撕成一条一条粘上去，看她用煮过的薯莨染衣服。这种海菜可以吃，也可以用来黏合衣服。那时候我们的衣服都是她用蚕丝纺出来的线一针一针缝出来的。虽然那时候没有我们现在常见的布料，也没有那么多花样，但是外婆也能缝制少见而又彰显可爱的京族衣服给我们穿，所以那时候我们一年里能有一套新衣服穿就是很不错了，而这也燃起了我对于制作衣服的好奇心，想着等我长大了，也要做许多漂亮的衣服给自己、给弟弟妹妹们穿。

我不知道外婆怎么会做京族衣服，她从来也没和我们讲过，但是我印象最深刻的是她有一块花边。她说过，用那块花边缝在衣服上面一定很好看。我就问她这个花边是从哪里来的，她告诉我她小时候挑鱼干去山区少数民族瑶族人那边去卖，看见瑶族人在绣花，做那种花边，她们把这些瑶族人叫作“傍依婆[①]”，戴那种帽高高的，她当时就用鱼干跟她们换了一块花边。因为我们这边很少有这种花边，所以她一直都舍不得用，一直不知道放在哪一件衣服好，她还用花边骗我们说：“你们谁

①傍依婆：当地白话，是当地人对大板瑶的称呼。

摘叶子喂的虫多，到时候我做的衣服就把这块花边绣在谁的衣服上。”但后来一直到她80多岁去世时也没有做成，最后也不知道放在哪里了。没有经历过专门学习的外婆，在没有缝纫机也没有熨斗的年代，靠着针与线，一针又一针地给家里人做出一件又一件衣服，这给了我很大的鼓舞。我也是在那时候亲眼见到外婆做衣服，脑袋才开始变通，懂得思考怎么做衣服才好看。

上了初中之后，我越发喜欢做衣服了。那时候家里没有缝纫机，后来爸爸省吃俭用拿到购物证才能买一台蝴蝶牌缝纫机。有了缝纫机之后，我更痴迷于制作衣服了，只要是放学或是放假，我的时间都花在做衣服上。因为没有钱买那么多布，我把家里的旧衣服拆开来，做成时髦一点的衣服给我妹妹弟弟他们穿。那时候我的班主任范老师帮了我很多，她专门教画画，知道我喜欢这个，所以就帮我画了很多花样。我会把那些花样做成模型，然后再用绣花机慢慢绣，一边用手绣，一边用绣花机绣。范老师教会了我很多，比如怎么绣花，怎么在衣服上印花。因为东兴这边很少有染料买，我们就去南宁买染料把范老师画出来的花样做成模子。我们用能隔绝染料的东西把模子那一块包好，放到染缸里，这样就能把花样印到衣服上了。印染步骤很麻烦，染好一个颜色再染另一个颜色，然后晒干，但是可以让做出来的衣服很漂亮。当时京族衣服多以纯色为主，我们这样做出来的衣服在当时还是很少见。

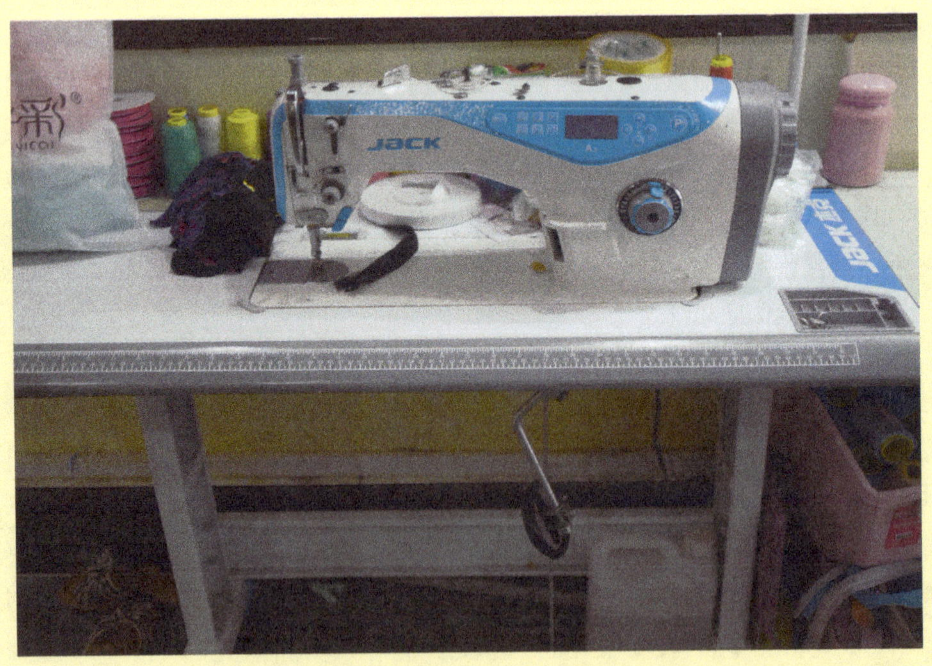

▲店内使用的电脑版缝纫机/摄影：采访组

那个年代很多人都没想过读高中，只想着考上师范或者是中专就很不错了。我家那时候生活也没有现在富裕，所以初中毕业我就出来工作了。正好当时我爸爸在食品公司工作，所以家有指标，我就到那里工作了。我们当地京族人结婚比较早，十几岁就结婚了，所以我在20岁的时候也结婚了。我丈夫跟我同一个单位的，他杀猪，我喂猪。说来也巧，我们一家都是在食品公司工作，我爸爸、我丈夫、我家公和家婆，还有我丈夫的外公。那时候我还没在食品站转正，但是做衣服是我从小的梦想，所以一直放不下做衣服这件事，后来上了几年的班就辞职去拜师学艺了。在那个年代有一份稳定的工作很不容易，我也不知道自己当时为什么会有这么大的决心。当时我和我丈夫还在谈恋爱，和他说了这个想法后，他很支持我，后来甚至还在我店里忙的时候来帮忙绣花。

（二）情不知所起，相守一生

其实我和我老公认识也算是很有缘分，这缘分要从我外公和他外公那一辈开始说起。那时候我外公是家里的独子，家里条件很好，后来被国民党抓去当兵。途中外公不小心生病，得了一种传染病一直拉肚子，非常严重。然后当时有个领导就问："谁是他的老乡，留在这里照顾他？"很巧，我丈夫的外公也在那个部队，于是就留下来照顾我外公，后面他们两个就商量着结拜成兄弟。我外公为了感谢他的照顾之恩，和他说："我回去以后，只要我有一口吃的，你就有一口吃的。"然后两个人因为生病这个事情掉队就不再继续跟着部队，一路扶持走回了东兴。回来以后，我外公家因为有一些钱就买了一艘大船做海鲜生意，也就是专门出海去收小渔船的鱼、虾之类的回来卖。他外公去了食品公司上班，也就是我和我丈夫相遇的那家公司。我外公和他外公一直互帮互助，他外公有需要，我外公就会伸出援手。所以这么说起来，我们两个家其实也算世交了。后来两家的小孩都长大了，也就是我妈妈和他妈妈。我家兄弟姐妹多，爸妈又没时间照顾，所以有时候他外婆还会帮我妈妈照顾我们几个，把我们当成有血缘关系的亲人来照顾。我们两家相隔不到50米，可以说我们两个是青梅竹马了。

后来我丈夫高中毕业也在那家食品公司上班，那时候我也在那里。因为两家很熟，又在同一个单位，我丈夫就经常到我家吃饭。当时也没想过真的会嫁给他，后来慢慢地，老人都说："你外孙长大了，我外孙女长大了，要不就撮合他们两个在一起，两家亲上加亲。"再加上我丈夫当时也在追求我，所以最后就真的在一起了，一直到现在，几十年的风风雨雨了。结婚后，家庭琐事也没有说具体怎么分工，也没有"男主外，女主内"这种说法。他忙的时候我就在家照顾家里，我忙的时候他就回来帮我。后来我的生意做大做好以后，他就回来店里帮我，比如绣绣花之类的。

▲樊文英爱人接受采访/摄影：采访组

别看他是男人，他绣的花很漂亮，当时都找不到几个人可以和他相比。即使是放到现在，他绣的花也是很难超越的，机绣的花都没有他绣的好看。刚开始开店的时候，我负责设计改良款和正统款的京族衣服，他就专门帮我绣花。比如我设计出了一款京族服装，需要把那些绣花、钉珠等这些装饰加上去，他就帮我把这些活干了。我做的衣服越来越漂亮，越来越多人喜欢，可以说也有他的一份功劳。

走上这条路

（一）拜师学艺

我因为从小生活在京族聚居地，家里也有京族人，也有很多京族的朋友，所以从小就受到京族文化熏陶，对京族服饰产生了极大的兴趣。年轻的时候，我就常常根据电视上的演员、主持人衣服的样式帮家人、亲戚朋友改衫做裤。为了做好衣服，我天天到附近的服装店去看那些老裁缝是怎么做的，还买了很多和裁缝有关的书来看，拆线、纳纽、选布、量身、剪样、裁料、锁边、镶领、缝襟、收腰、上袖这些要领都是在那时候看多了、做多了慢慢摸索出来的。为了进一步提高自己的手艺，我后来找到高红杰老师，向其拜师学艺。

老师高红杰原本在越南生活，而且在当地很有名气。但是七几年的时候，越南和中国打仗，越南排华，所以老师一家人就来到防城港这边了。他有两个女儿一个儿子，那时候他的子女都在防城港城里开服装店做衣服，生意很好。我们这边爱美的女孩子都喜欢去那边做衣服，因此我慕名而去，并托朋友介绍想拜他女儿为师，但他女儿的服装生意太好，忙不过来，所以不愿意收我，然后她说她爸爸做衣服也很厉害，于是就把我推荐去她爸爸那了。最开始回国的时候，高老师在我们防城港一个农村的茶厂工作。我去拜师的时候他已经退休了，他当时住在一个叫洞美的山区，虽然那里很偏远，但是也有很多女孩子在那里跟他学习如何制作衣服。当时有七八个人和我一起在那里学习，基本上都是周边的人，只有我一个人来自海边。

在和高老师学习之前，我因为从小看着外婆做衣服，也自学了一些制衣知识，所以有些底子，他一教我就会了。因此在他眼里我属于优等生，他总夸我聪明。虽然有些底子，但我不敢说自己会，因为学本领要谦虚，不然就要闹笑话了。有一件事情让我印象深刻，那天老师说我们要学做一条裤子，我当时在家里有拆过旧裤子，所以知道哪个是前裆哪个是后裆，所以做得蛮好，但是有一个同学就不懂了，做那种中筒裤，前后搞反了缝。老师知道了就让她试穿看看，但明显是穿不了，真的是笑掉大牙了。高老师一般都是教授徒弟制作衣服的基本技术或者是如何学做时装。然后我就问他会不会做那种京族衣裳，他说会，而且还是高手，然后我就特意让老师教我制作京族服饰。他和我说，还没有教人学过这个，因为我在所教的学生中很有天赋，所以他愿意教我。但是“师傅领进门，修行在个人”，回来以后我也在慢慢摸索，想想我外婆是怎么做的，我自己又应该怎么做。当时我是1987年的春天去学习，本来在家里就会了一些，所以一个月以后我就出师自己开店了，那时候也是20岁左右吧。后来高老师问我：“你才学一个月就回来开店，行不行？”我说：“行，我要做的东西我一定能做到。”因为我知道做裁缝做衣服的手艺人要学到老、做到老，永远都要不断学习。像我们现在做了几十年也要一边学一边做，只要你专心，就能领悟得很透彻，自然也能做好。

（二）独自创业

我开店的时候，在江平一带年轻的裁缝很少，一般都是老裁缝，而且大多做老式京族服装，通常是一块纯色布料，衣服上什么装饰也没有。所以我改用一种叫做洗水麻的麻料做成了一套短款改良款，也是宽脚裤，上衣从腰部一直开衩到大腿，在裙摆用绣花针绣上狗牙花边①，然后把漂亮的图案印在胸前或是裙摆上，反正花样、图案想放在哪里就放在哪里，全凭顾客喜好。那时候衣服做出来后就自己先穿，大家反响不错，再拿去卖，结果卖得特别好。所以那时候我们江平中心一带的女孩子，包括中年妇女都喜欢穿我做的衣服，还有很多人慕名而来，生意真的

①狗牙花边：一种服饰花样，形似犬齿。

很好。不知是1987年还是1988年了，我设计的衣服还是很时髦的。不是我聪明，真的只是爱好，那时候刚好出了14寸电视，我经常看电视，看到那些主播和演员穿的衣服很好看，就模仿着做，结果我们这边的女孩子、男孩子都喜欢。接着到1989年和1990年的时候，我设计了一款短款的京族服饰，也就是京族家居服，稍微改良了一下做成那种圆领绣花，特别好看，大家特别喜欢，然后就在我们当地开始流行了。

九几年的时候，京族衣服的颜色还很少，我就用手工丝网印花，选用大红、粉红、枣红、湖蓝、祖母绿、嫩绿等五彩颜色做衣服，在当时来说算是一个创新。2000年的时候我出资几万元，在东兴镇开设制衣分店，前后招工了几十个人。在那一年，我还去了海防、河内、堆基、夏盖等地方，了解越南服装制作的技艺特点与京族服装的异同，摆脱思路局限，还酝酿该怎么突破当前的服饰制作局限。现在我的京族服饰都是在保留京族传统服装特点的基础上创新制作出来的，比如说立领镀边男中衫、圆领嵌花男马褂、彩绣立领女长裙，以及男头饰、女礼帽等礼服套装。

经过长年累月的实践钻研，我总结出了几个缝制京族服装的要点：一是选择丝绸、细纱、化纤精纺薄布作料；二是量准领口、胸围、腰臀松紧尺寸；三是看准瘦

▲樊大姐民族服装厂/摄影：采访组

胖老嫩宽窄配色；四是钉纽、绣花、镶边、开叉切记“A”字裙形。这些要点不难记，也比较好学，再加上我设计的衣服男人特穿上显得精神、时尚、气派，女人穿上显得年轻、美丽、飘逸，大家都喜欢我做的衣服，因而这些要点也逐渐成了京族服装的流行风尚。我设计的京族服装之所以这么受欢迎，主要是因为力求做到每款衣服体现京族服装的特点，又恰当地融入其他民族服装的制作元素和时代特点，改变原来旧式颜色单一的京族服装。

既是“姻缘厂”也是“生计厂”

（一）“姻缘厂”

店铺因为生意好，吸引了很多学徒慕名而来，他们学到手艺以后很多都留在店里工作了。那时候不只有女孩子，也有几个男孩子在这儿学，因为这样我们店里还促成了好几对呢，他们都笑称我这是“姻缘厂”。成对的人多了，就连我自己有时候也开玩笑说：“想嫁老公你就来这里学做衣服，这样就不用在外面被晒得黑咕隆咚的了。”因为很多京族女孩子都要去赶海，所以皮肤晒得黑黑的，但在我这里干活的女孩子，只需要坐在店里做衣服就能赚钱，还不用风吹日晒，一个个都是肤白貌美的，所以就吸引了很多男孩子到我店里来当学徒或者是定做衣服。我大徒弟以前在家里就是赶海的，谈过很多次恋爱都没有成，因为人家嫌她（皮肤）黑。后来到我这儿来工作以后，经过我家婆的介绍，她和住在后面那条街的一个男孩子成了。在这里做了很多年以后，她自己出去也做了10年的衣服，生意还蛮好的。还有一个在那梭农场的女孩，她老家住在十万大山，不仅生活特别穷苦，而且耳朵还有点残疾，就是有点听不见声音，但是人长得挺漂亮的。她在我这儿当学徒、做工的时候因为家太远了，就住在我家。刚好我有一个亲戚是竹山港的，当时是我们这儿唯一的一个男学徒，也在我家里住。一个住屋前面，一个住屋后面，白天在一起做工，晚上也不出去玩，加班加点地和我学做衣服。可能是日久生情吧，什么时候在一起的我都不太清楚，直到要结婚了我才知道，原来他们在一起了。

当然也不是说每个到我店里的都会成，京族女孩喜欢的是真诚的男孩子，有的人“三天打鱼两天晒网”，不老实学手艺还爱吹牛，自然不可能找到心仪的姑娘。有一个男孩喜欢我店里的一个女孩子，就天天来我这儿学，我看他这么勤奋，就想给他一个展示自己的机会。刚好我们这有一台机器坏了，我就问他：“你可不可以修这些机器啊？”然后他一口答应下来说：“可以，可以，当然可以的。”可是，谁知道他是假勤奋真吹牛。他用螺丝刀和扳手把那台机器全拆了，又装不回去，最后就跑了。等第二天他再来的时候，我问他：“你昨天怎么不把它装好就走了？”他借口昨

▲职工及家属活动合影/素材来源：樊文英

天有事就回家了。他来这里总是吹牛，又不老实，所以那个京族女孩就没有看上他。还有一对我印象特别深刻，但是有点可惜。1999年的时候，一个刚刚从师范大学毕业的男生回来这里教书，因为喜欢上了我们这里的一个绣娘，就经常跑到我这里定做衣服，我估计他差不多一个月的工资都花在做衣服上了。我们也都知道他喜欢那个女孩，就老是制造机会给他们两个相处。每次他来这里做衣服的时候，我们总说衣服还没有做好，让他在这里等一等，结果一等就是几个小时，他也就有机会找那个女孩子聊天了。这样一直持续了一两年，他们两个都互生好感。但是男方家里不同意他找一个裁缝，觉得他们两个不般配，因为在当时能培养出一个大学生，并且进入有编制的事业单位非常不容易，所以家里要求门当户对，一定要让他找一个有编制工作的女朋友。没办法，家长不同意，他们就算相互喜欢也只好分开了。分手以后，男生每次看到她，都不由得暗自垂泪，和电影里演的一点也不差。即使是现在，那个男孩子见到我都会喊一声“媒人妈”，而女生现在也和我情同姐妹。

（二）家家有本难念的经

“家家有本难念的经”，我觉得现在自己的生活已经算很幸福的了。疫情的时候，我派了两三个工人到我们这边生产防护服口罩的工厂，他们现在还在那里帮工厂做事情。厂里的员工如果来齐上班的话，有12个，其中贫困户有3个。以前在我这里做服装的京族人还是很多的，后来出嫁后都改行了，现在也有两三个还继续干着。我们这里大多数员工生活其实还是挺好的，但是家庭困难的也有。有一个女孩子在外面学过做衣服，但主要是时装，所以也不懂怎么做京族服装。她嫁到我们江平镇这边以后有了三个孩子，一直在家里带孩子，没有一份正式的工作。她妈妈患有精神病，哥哥也是病人，为了养家糊口，他爸爸只能去赶海。因为她很勤快，做什么事都很积极，我知道她家里条件不是很好，所以就把她留在店里做事。

还有一个贫困户，老公出交通事故走了，两人有一男一女两个年幼的孩子。她没有选择改嫁，而是独自抚养两个孩子长大。好不容易等到子女都长大了，结果女儿在广西师范大学读书的时候查出肾有问题，还是挺严重的那种。她女儿每个月都要去医院透析两三次，一次需要几千块钱，没办法只好申请了贫困户。一开始，她在外面打工，帮餐馆洗碗，需要起早贪黑地去干活，但是又赚不了什么钱，更不要说抽出时间照顾孩子了。我知道这个情况以后，就让她来我这里学习制作衣服。虽然说不能做到解决她的贫困问题，但起码温饱是不用愁了，而且我这里时间自由，她也不用起早贪黑地工作，还可以照顾到孩子，所以她也就留下来了。

▲生产现场/摄影：采访组

我师傅患有肺癌，我带着他去防城港医治，但没有治好，最后他还是去世了。1999年，我生意做得很好，所以师傅在临终前嘱托我要照顾一下他的家里人。老师是华侨，家里的孩子都是在越南上的学，不了解中国文化，东兴工资又都比较低。他们因越南排华回来后，要在东兴买房子住，但是又需要找工作，因此我就在东兴开了一个分店。2000年的时候，成衣堆积，裁缝行业受到冲击，防城港也没有什么生意做。师傅的女儿都在东兴帮我做工，因为店里有房间，她们就住在店里，就不用买房子了。她们都调侃说："哎呀，师傅帮徒弟做工。"一直到现在，我们的关系都很好，像亲姐妹一般生活。

巧手织就蝴蝶梦

（一）选料

选料对京族衣服来说很重要。因为京族衣服讲究线条美，讲究飘逸美，所以布料要有飘逸感。我比较常用麻料，因为不容易皱，穿起来也飘逸。这种麻不是纯麻，是像珍珠麻、洗水麻那种混合的仿麻。纯棉、麻棉或者棉麻都不行，这些做出来虽然穿起来舒服，但是很容易皱。长款衣服最忌的就是穿起来皱巴巴的，再加上我们在海边，经常要出海，这样的布料碰到咸水就很容易烂。

以前条件没有现在好，想要布料得自己在家养蚕，抽丝出来纺织。小时候，我们这条街上差不多每家每户都有一台老式脚踩的织布机，我外婆那个年代也是用这种。如果想要去市场上买，可以选择的布料很少，只有像棉布之类的布料，而且只能拿布票才能买得到。所以那时候做的衣服不好看，看起来不是很飘逸，只能做西装那种服装，再加上布料颜色也很少，没有花纹，基本上都是黑色、蓝色、白色这类素色。当时的京族衣服按照颜色区分年龄段，比如年轻一点的一般会穿那粉红色、白色，中年人都穿那种蓝色，还有一种枣红色。我们长大以后，经济发展了，交通也便利了，就有很多可供选择的布料了，颜色也是五花八门的。就布料而言，中国在世界上算是很先进了，你想得到的布料，在我们国家几乎都能生产，所以根

▲布料/摄影：采访组

本用不着为了某种稀有的布料到外国买，像在南宁、广州、杭州这些城市就能买得到。

（二）工具

布料要选择，那工具肯定也要选择的。比如量身的软皮尺、硬尺，还有剪刀，大剪刀小剪刀都要有，锥子、线夹等这些基本工具都需要准备。

现在我们主要用电动缝纫机，不需要再像老一辈那样一针一线地缝衣服。1987年我学艺回来，市场上就有飞人牌和蝴蝶牌两种牌子的缝纫机了。后来慢慢又把马达加在了缝纫机上面，一个小马达装在上面，就不用脚踩了。再到现在我们用的是电脑版的缝纫机，这种缝纫机和马达缝纫机最大的不同就是不仅可以不用手工缝合，而且还能在缝合以后自动帮你剪线。比如一件衣服，我想缝到这里再换一头来缝，它就会自动断线，不用再费时去拿剪刀去剪线。以前用脚踩的缝纫机，可能一天都做不好一件衣服，要是你技术不好的话，线还很容易弄歪。现在用电脑版缝纫机，眯着眼睛踩它都会走线。走线就是做衣服的时候，比如像以前的脚踩车子是一针一针踩出来的，现在把衣服放在电脑版缝纫机上面，“哒哒哒”一下去就可以走很长线了，极大地提高了我们的效率。电脑版缝纫机虽然很便利，但是不代表你就可

▲裁衣间/摄影：采访组

以偷懒，我们量身的时候要量得更准确，裁衣的时候需要更加小心翼翼，裁的时候要算计得好。比如这个胸围应该裁四分之一，如果你算不好，这四分之一里面加大了几厘米或者是缩小了几厘米，做出来的衣服也会大了几厘米或者是小了几厘米，那就不合身了。

有的顾客想要衣服更漂亮，需求就会多一点，比如要求我们绣花、钉珠。一件衣服要绣花和钉珠做工就会很慢，光钉珠都要一两天，然后缝制也要四五天。但实际上我们因为做久了，经验多了，就知道一件衣服需要多少布料。比如一件衣服要2米布，裁完设计好花样，想好应该把花绣在胸前或者是裙边，然后才让绣花厂绣好布料。这样把一块一块绣花布存放在店里，等到顾客来店里定做衣服的时候，就可以挑选自己喜欢的布料，告诉我们要做件什么样的衣服了。如果顾客着急，问我们今天是否做好，绝对可以。量完身以后，我们就可以开工了，因为我们之前已经把布匹花样给绣好了，相当于完成一半的工作，然后根据客人的尺码我们2个小时以后就可以做出一件好看的衣服了。如果你绣花什么的都不要，就是一块花布，那个也是2个小时左右就能拿到了。但如果说你要求这块花布要更好看一点，要缝上亮片，还要钉上钉珠，还要买个花式，就比如说你们在表演上见到的舞台装那种，这个时间就要长一点了，需要等到第二天才能拿到。其实加上钉珠这些手工活也比以前快很多，因为现在的缝纫机不用脚踩，要是像以前那样要踩的话，一两天我们都不一定做出一件衣服来。

▲缝纫工作间/摄影：采访组

知识链接

1. 软皮尺：用于量身，通常使用2米左右的即可。

2. 熨斗：熨烫布料用具，现在多使用电熨斗，作为平整衣服和布料的工具，功率一般在1350瓦左右。

3. 硬尺：在裁剪衣服的时候划线和定店时用，长度一般在1米左右。新手还会用大腿尺子，一种专门用来画大腿线的尺子。

4. 曲线板：也称云形尺，绘图工具之一，是一种内外均为曲线边缘的薄板，用来绘制曲率半径不同的非圆自由曲线。

5. 画粉或可擦笔：用来给衣服定点与画线。

6. 剪刀：各种大小的剪刀都需要准备。

7. 针：各种型号的针，缝纫时用。

8. 线：各色、各种大小的线，缝纫时用。

9. 线夹：用来穿针。

10. 锥子：一般为尖端锋利的用来钻孔或者挑线的工具。

11. 缝纫机：用一根或者多根缝纫线，在布料上形成一种或多种线迹，使一层或者多层布料交织或缝合在一起的机器。现在的缝纫机一般为电动缝纫机。

（三）工艺流程

1. 量身、选布

做衣服首先是量身，一套衣服好不好的重要衡量标准就是要看它合不合身，所以要保证准确的测量。一般一套京族衣服需要量顾客的胸围、袖长、臀围、肩宽、腰围、裤长、上身长，等等。我们京族衣服既要飘逸，又要有线条美，所以都是贴身制作的。像腰围、臀围、肩宽、胸围等，这些一般定做衣服时都要量。我们京族的衣服因为开衩到腰，所以量肩膀到腰这段距离是为了方便确定最高开衩点。布料和颜色看个人喜好，一般来说，年轻女孩子比较喜欢淡雅一点的上衣，裤子的颜色没有上衣那么丰富，一般就纯白色和米白色两种。

▲挑选布料/摄影：采访组

2. 熨烫布料

店里的熨斗，一根传引绳上系着的红丝带将两条蒸汽运送带高高挂起，带子直通熨斗。熨烫的时候锅炉不时传来“轰轰轰”的产水蒸气、排水的声响，在锅炉边摆放着一红、一蓝两只塑料木桶盛接锅炉蒸汽熨斗排放的水。选好布、裁剪下来以后就需要把布料拿来熨烫一下，一方面是为了平整布料，另一方面，很重要的防止布料后面缩水。现在的布都是电脑印染的，很容易缩水，只有熨烫过后才知道衣服的具体大小。以前没有熨斗的时候，老裁缝总是含一口水，对着布料用力一喷，布湿了就知道缩水的大小了，这种做法放在现在来说确实有点不太卫生。现在熨斗很先进，不像以前我做裁缝的时候，熨衣服需要用嘴吹。后来我用上了更高级一点的红星牌电熨斗，但是这种刚研发出来的电熨斗也不好，稍微一不小心就容易把衣服给熨糊了。再后来又慢慢升级，变成吊壶的、电脑版的。衣服做好以后都会再拿过来熨烫一次，如果这个时候不熨烫的话，过后再熨烫就很容易缩水，这样的衣服就不合身了。

我们的布料虽然薄，但是也有水分，像这种冒出来的水蒸气都是布料里面的水分。熨烫这种布要很有耐心，粗心一点都做不了，因为这种布会走动。以前街边的老裁缝没见过这么薄的料子，一开始都不敢做，全部推给我来做。她们如果遇到这种布料通常用煮饭的米浆浸泡衣服，把衣服弄硬了再做，但是这样做出来的衣服最后成效不是很好。我不是这种做法，我会很细心、很耐心地把衣服一次又一次捋平之后再做，所以她们都“怕”了我（佩服我）。虽然有弹性的衣服容易走形，但只要懂得技巧就能熨平。

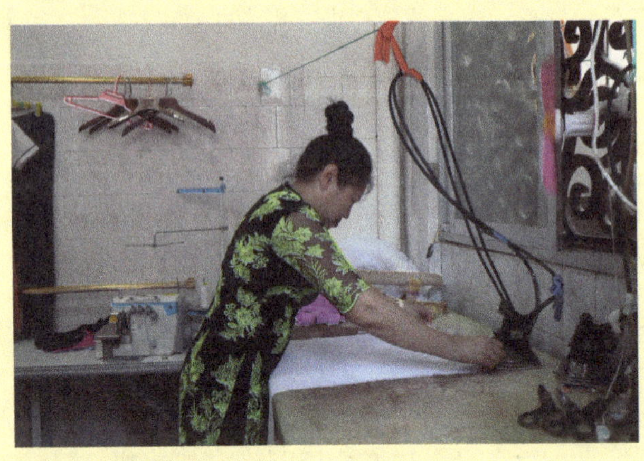

▲熨烫/摄影：采访组

3. 裁剪

京族衣服很特别，也很简单，但做的时候也不能马虎。京族裤子是宽脚裤，越宽越好，这样干活也特别方便。裤子的做法不难，要定好裤子的线长，在确定好臀围和裤长之后，定好分割的比例是四比一，然后把布料裁剪成裤子的样式。我们京族的裤子比较独特，它没有两边裤线，只需要一片布料就够了，外面的那些裤子都是两片缝合的，所以会有两边的裤线。接下来是把剪好的版式放到布料上，对齐后用笔画出边缘线，最好在边缘多加1厘米裁剪用来缝边。画好布料版式后，再用剪刀将布料的版式裁剪下来。布料要区分“面”和“底”①，画线要画在衣服背面，也就是里面。我们画线一般用粉笔，不过也可以用这种可擦笔。我现在比较习惯用这种笔，因为画粉会留一点痕迹在里面，需要清洗一遍。可擦笔的话，做好以后用电熨斗一熨，遇热笔迹就消失了，连洗都不用洗了。现在我在店里面基本上负责量体裁衣，然后再让其他人缝制成衣服。因为顾客来店里做的衣服每一件都是定制的，要求很高，所以量身时需要把每个人的尺寸计算得很准确，做出来的衣服才好看。现在店里的员工都是老工人了，我只需要在布料上做好标记他们就知道怎么做，不然像以前还要全部画好线、做标记，还是比较影响效率的。一般京族服装很少在里面设计内衬遮胸，但是现在有些外面的人来买，就会穿不习惯，所以我们会在衣服前胸的位置设计一层内衬。现在的衣服工序更先进了，以前都是用扣子扣在前面，所以有时候扣子掉了也不知道去哪里找，现在都用隐形拉链，缝在衣服后背，也不会影响大家穿着。布料剪好以后，上衣和裤子要上下对齐、整平，让它前后对称，不能前长后短，否则就不好看了。剪裁的时候要检查布料是否对齐，这更多是凭借我们的手感。

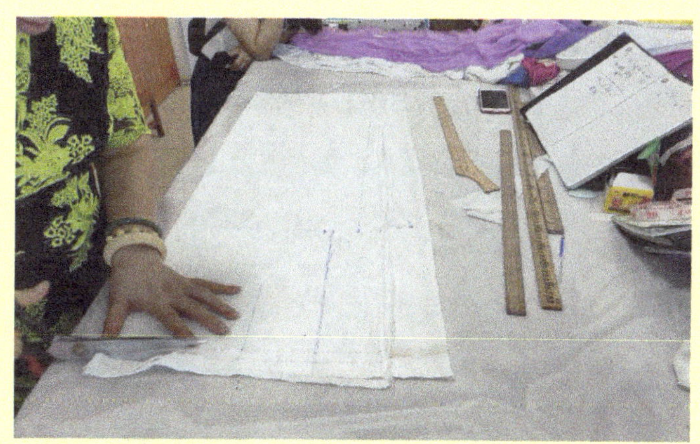

▲裁衣/摄影：采访组

4. 缝纫

因为现在都是机器缝纫，缝合不是什么特别难的事，学个一两天就会用了。这个也没有什么特别的技巧，只要把布料放到缝纫机上，但是手一定要控制好布料走向，不然走出来的线路就会歪。如果真的说有什么特别难的东西，那应该是领子部分了。领子是体现一个人精气神的关键，如果领子裁不好，该是直领的裁歪了，该是圆领的裁扁了，那就立不起来，衣服就会很难看，顾客穿上去就会显得没有精气神，给人感觉邋遢、不修边幅。不同的领口给人的感觉也不一样，小领口显得朴实，大领口显得袒露，因此不同的领子有不同的裁法，领口的大小可以根据不同的需求来设计。

① “面”和“底”：“面”是指布料的外面，“底”是指布料的里面。

那些脖子粗一点的人就比较适合开口稍微大一点的领型。缝制的时候，需要将前后两条肩线重叠，对齐肩颈点，还要检查领口圆不圆润，这样才能缝出好的领子。

（四）作品

我得过很多奖，但是之前没有好好保存的意识，也搬了几次家，很多证书都不知道放哪了，现在这些奖最早的是1996年那时候东兴举办的“双学双比”竞赛活动的证书。这几年我也一直参加各个学校开办的培训活动，比如南宁职业技术学院办的广西高素质女农民居家灵活就业培训班，还有广西民族大学开办的中国非物质文化遗产传承人群研修研习培训计划——广西民族服饰制作技艺传承人群培训班。我很多得意之作留得不多，基本上都卖出去了或者被博物馆收藏。之前也为很多大型的活动设计过衣服，比如我基本上每年都为京族三岛哈节活动设计服装，也为我们的京族人大代表设计过衣服。有一次我们一个人大代表在北京开会和时任的胡锦涛主席握手的时候，主席还夸过我们京族衣服漂亮。还有2008年的奥运会，参加北京奥运会开幕式演出的京族青年赵霞、郑爱玲、王利华的衣服也是由我设计的……很多、很多，我一时也想不起来了。

▲随广西民族大学赴越南参加文化交流活动/摄影：吴兆明

我2018年参加了广西民族大学开办的培训班，结业的时候还给我们办了一个走秀活动，让我们穿着自己设计的衣服进行展示。后来我很荣幸跟着王柏中院长、专家学者以及其他传承人一起去越南，展示我们中国的优秀文化。但是那边的人说我做的衣服很像他们越南京族的奥黛，是越南的，不是中国的，所以就没有让我参展。我当时想着，既然不让我挂出来展示，那我就自己穿，一天换一套，穿上衣服在展厅里面逛。当时效果还不错，吸引了很多人的目光，很多参展的人都来问我，你这什

▲介绍服装工艺/摄影：采访组

么衣服啊，卖不卖啊。到现在，那次去参展的衣服卖得就只剩下一套了。

剩下的那一套衣服，布料专门选取了我们中国很有代表性的杭州缎锦。因为去越南，那肯定要拿我们中国特色的布料去，不能拿一般平时大众的那种，是吧！同时我考虑了一些越南的喜好在里面，越南人喜欢绿色，他们的妻子甚至还会专门买绿帽给丈夫戴，和我们这边文化差异还是蛮大的。像我们中国人喜欢大紫色、大红色，他们反倒不喜欢。以前我在越南卖衣服的时候，卖100件衣服只有大概10件是这两种颜色。直到后来开放了，两国文化交流了，越南人才慢慢接受红色和紫色。再者用绿色作为底色给人青春、新鲜的感觉，所以我们到越南那边去参展，绿色是最好的颜色。而衣服上面绣的珍珠在我们京族这儿代表丰收、吉祥。衣服上的立领叫做唐装领，因为我们京族衣服从汉代开始一直不断地改良，到现在融合了很多朝代的元素。我们京族的衣服跟清朝的旗袍差不多类似，但也有根据我们京族自己特色改良的地方。旗袍的裙摆是“A”字型的，我们京族的衣服有的类似“H”字型，但也没那么宽。旗袍上面是收的，我们京族衣服是打开的，不是特别宽，就显得飘逸点。旗袍开衩开到大腿，但京族是海洋民族，经常需要在沙滩上跑啊、跳啊，所以开到腰围才方便。还有这个宽脚裤在沙滩上走，一卷上来就方便行走了。

以前京族服饰上没有盘扣，我改良后加上了。绣出来的这个花纹叫凤尾花，是我们中国一种代表吉祥的花样，用我们这边海边人的话来说就是代表丰收。其实花纹没什么讲究，你自己喜欢什么花型都可以做。京族人特别喜欢荷花，它是京族的一种吉祥物。比如我们京族的哈亭[①]，那里就有一大池的荷花。金边是一种装饰，用金色绣上就显得衣服很高贵。衣服的袖子是七分袖，对我们海边人来说比较方便，因为我们经常去赶海，这样就不用把袖子捋起来了，而且也不是太短，太阳也晒不到。像那种宽一点的服装是舞台装，一般在表演的时候穿，显得更飘逸一点。传统衣服的袖子比较紧，袖口较窄，因为京族女孩的手臂比较修长、结实，所以窄袖子更显线条美。现在我在保留京族服饰元素的基础上经过改良，既有飘逸的宽宽的袖子，也有喇叭袖，还可以做成旗袍的那种袖子。

▲樊文英正在制作服装/素材来源：樊文英

①哈亭：京族哈亭是京族的标志性建筑，在东兴市江平镇京族三岛上均有建，是京族人民祭祀祖先、祭奠神明和娱乐庆典的公众场所，可容纳上千名观众。

没有樊大姐，我们就没有漂亮衣服穿

我从业这30多年里，缝缝补补过着日子，衣服会打上绣花，自然生活也会加上补丁。有一些人，口头上说要支持我们发展京族文化，要推动我们京族服装的发展，然而却没有付诸行动。记得有一件事，我现在想起来还是很委屈，很生气。本来有一个单位要找我定做京族服装，我已经和他们打好版，确定好了花色，商量好价格，高高兴兴等着大干一场，结果到最后才发现他们承包给了别人。给他们承包的是一个南宁商人，但是他又不会做京族服装，到处托人做衣服，最后找到了我朋友，她是做壮族衣服的，知道这件事情打电话来问我："这单生意这么好做，你为什么不做？一件衣服五六百块钱，光是转接给别人做，也得两百多块。"我当然也想做啊，一单生意十几万呢，可是我都不知道为什么他们在我这里商量得好好的，怎么到最后却给了一个外行人做。他们后来解释说是因为招标的时候我不去竞拍，可是我根本不知道有竞拍这件事，也从来没有人通知我要去竞拍。等到那个生意人终于找到人做衣服之后，头饰又不知道该怎么做了，最后打电话找到我这里来，让

▲给客人现场加工帽子/摄影：采访组

我帮他做，那我怎么可能去做呢？我跟他说："衣服都不是我做出来的，头饰我又怎么做得出来?"演出的时候，我也去了现场，所谓"外行人看热闹，内行人看门道"，可能在游客眼里看起来确实像京族服装，但是我知道他们做出来的衣服并不合身，也不像京族服装，只是远远看着像。曾经有记者过来采访到我，问我这单生意有没有做成，我都是很大声地说："没有！"虽然一路走来，遇到很多的困难，但是即使这样，也依然没有打击我对制作我们京族服饰的热情。

原本没什么人喜欢穿京族衣服，包括京族人自己也很多。以前的京族服装很土，就是一块很素的土布，没有一点花纹，所以没有人看得上。在20世纪90年代的时候，掀起了民族风，穿民族服装成了潮流。因为我当时在做时装生意，所以京族女孩就和我说："别的民族衣服怎么这么好看，你能不能帮我们改一下，做得好看一点?"所以从那以后，我开始改良京族服饰，把现代风融入传统京族衣服里面。改良后的衣服我自己先穿，把自己当成行走的招牌，看看反响怎么样，大家喜不喜欢，哪里还有需要修改的地方。这么一改大火了，不管是年轻姑娘、中年妇女，还是老年人，都很喜欢到我这里定做衣服。我也是从那个时候就已经开始给哈亭的哈哥哈妹做演出服，一做就做到现在。

曾经也有人问我，为什么做了这么多年都不改行？当年成衣冲击制衣行业时，我也不是没有想过改行，但是转念一想：改行了，我又能做什么呢？现在也经常有老顾客来我这里做衣服，但是却没什么人来学了。原来的徒弟改行的改行，退休的退休，唯一在坚持的也就是我们姐妹了。做京族服装的人本来就少，总得有人做吧。再说了我从小的梦想就是想着让自己和家人，让更多人穿上漂亮的衣服。总听京族朋友们说："没有樊大姐，我们就没有漂亮衣服穿。"我也只是笑笑，我知道他们热情，喜欢把感谢挂在嘴边，但是也是因为这些感谢的话，才支撑着我一直走到现在。

择一事，终一生

（一）匠心传承

现在的年轻人很少愿意学习我们这个手艺了，更多是选择外出打工。还好我们家几姐妹都挺喜欢做衣服的，三妹和五妹都是一直跟我做，现在五妹可以说算是这门技艺的下一代传人了，剩下两个妹妹也在退休以后回到我店里做衣服。我思考过，传承人越来越少了，我们必须要做点什么。我现在也有开办免费的培训班，当地政府也很支持我，但是来的人不是很多，最多的时候也就十来个。如果有机构开办培训课程，不付工资我也愿意去，真的，我是愿意的。我自己也有发一些视频到朋友圈宣传，想学的人自会来，不想学的人强迫也不会来。创新才能促进社会的进步，

▲采访现场/摄影：采访组

无论哪个民族，原先古老的手艺也只有创新才能留存下来。我作为传承人，也需要为此做出改变。绣花、钉珠这些装饰元素，能保持的就保持，能改的就改，让更多人爱上我们美丽的京族服饰，但前提是不能破坏京族服饰原有的特征。我希望能有更多年轻人加入我们京族服饰的传承中来，但我目前还没有这么强大的号召力，而且这个也强迫不来，我也就只能做更多更漂亮的衣服，吸引大家加入这个行业，喜欢京族服饰，喜欢京族文化，最后喜欢上京族。

大约从三年前开始，江平镇中心幼儿园找我来为他们的老师和学生设计园服。后来，万尾的京族学校也开始把京族服装作为校服了。最开始，幼儿园园长让我帮他们设计老师的京族服饰。我做了很多套供他们选择，最后他们选择了改良款的京族服装，衣服上身后的效果不错。最后园里的老师们也号召学生们穿，全园统一。所以每年新生入学、老师入职，他们都来我这里量尺寸做京族服装。看到辛苦设计出来的衣服穿在那么多小孩的身上，我真的感到很欣慰，也很高兴。得到家长和老师的认同，我再辛苦也值得。这是一份信任，是他们对我的认同，更是他们对京族文化的认同。

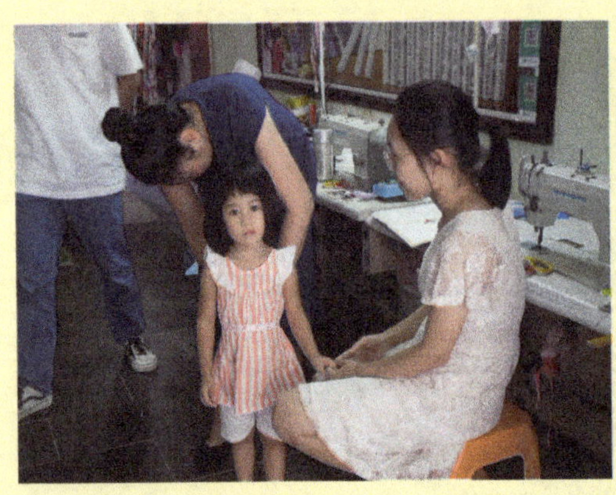

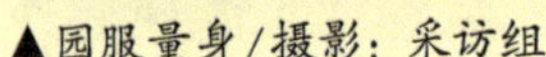

▲园服量身/摄影：采访组

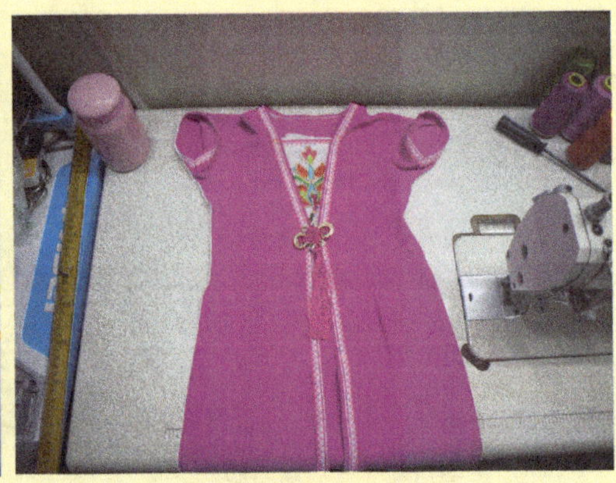

▲樊文英设计的幼儿园园服/摄影：采访组

（二）坚守初心

我不会考虑全自动化生产，因为京族服装不像西裤，有固定的尺码，只有穿过手心测量出来的各个具体数值，才是最贴身、最适合自己的。我的服装厂未来会一直延续现在的半机器半手工制作的工序。当然，我也考虑过流水线[①]生产，分成大、中、小号发给服装厂制作，不过最重要的还是坚持自己剪裁，再发往工厂。或者工厂可以单独制作领子、肩袖、手臂、衣袖，不过这个需要大批量生产，我们目前还没有条件。关于京族服饰制作，我还有很多的想法，如果时间充裕，未来还会设计一批新款出来。

我们这条解放路上最不缺的就是裁缝铺，但我没和别人竞争，他们也不敢和我竞争，整条街上我是最年轻的裁缝。最重要的原因是，我和他们做的衣服风格不一样。他们做的都是中老年的中山服、西裤，没胆量做连衣裙、喇叭裤这些时尚款式，不过我们大家都相处得很好。有人需要做连衣裙，他们都推荐到我这里做，我有顾客需要做西裤也会推荐到他们店里去做，邻里乡亲都特别友好。进货的时候，大家还会搭个伴儿，连夜去湛江拿货，现在也特别怀念那段时光。但是现在他们都改行了，有做边贸的、卖衣服、卖香料的。他们都笑我说："真佩服你啊，现在还在做，你不累吗？"我总是一笑而过："我没你们那么聪明，会做大生意，现在能享福。我不会做别的什么，也不想做别的，虽然现在很辛苦，但是我很幸福。"我现在已经做习惯了，京族服饰仿佛融进了我的生命里，我会一直做到不能做为止。我一天不做衣服，就感到心乱如麻，只有做衣服才能让自己感觉生活特别踏实。

①流水线：又称为装配线，是一种工业的生产方式。指每一个生产单位只专注处理某一个片段的工作，以提高工作效率。

我在广州有见过一间小小的裁缝铺，里头是一对七八十岁的老夫妻经营着，凡事亲力亲为，他们做得非常好，打响了名声，广州很多人都找他们做衣服。我就希望以后我也能像他们一样，老了的时候，经营着自己的裁缝铺，和老朋友们一起聊天，做衣服。平日里也有顾客会专门为了我的手艺而登门拜访，我希望这门手艺能留下我樊文英的痕迹，一针一线地传承下去。我也曾向政府提出过建立一个京族服装制造厂，就是希望能够把我们的京族服饰卖到世界各地去，无论是传统的，还是改良的，希望我们的文化都能流传在世界的各个角落。刚刚来店里的是一位医生，她说医院希望返聘她回去工作，但是她拒绝了。好像我不太一样，做了大半辈子了，还是一直喜欢这门手艺。看着一件布料在自己手上缝缝补补，最后看着顾客穿上漂亮衣服的笑颜，是我最幸福的时刻。年轻的时候一直做着，没想到，却做了一辈子。

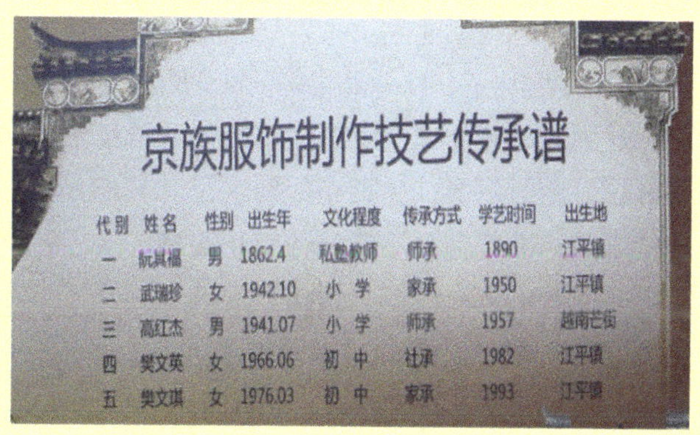

京族服饰制作技艺传承谱

代别	姓名	性别	出生年	文化程度	传承方式	学艺时间	出生地
一	阮其福	男	1862.4	私塾教师	师承	1890	江平镇
二	武瑞珍	女	1942.10	小学	家承	1950	江平镇
三	高红杰	男	1941.07	小学	师承	1957	越南芒街
四	樊文英	女	1966.06	初中	社承	1982	江平镇
五	樊文琪	女	1976.03	初中	家承	1993	江平镇

▲传承谱/摄影：采访组

四、大家谈大师

（一）五妹樊文琪

我叫樊文琪，是樊文英的五妹，也是这门手艺的下一代的传承人，初中毕业以后就来大姐樊文英店里帮忙了。

还记得在上学的时候，大姐就已经在开店了，我们一有空就来她店里玩。大姐经常在这里做衣服，有什么新款我们能第一时间穿上，这在当时是非常值得炫耀的。我们觉得很自豪，周围的同学也很羡慕我们有新衣服穿，纷纷模仿我们穿的衣服，也要大姐帮他们做，从那个时候开始我就很崇拜她了。她喜欢做衣服，也很会做衣服，她有这个天赋。她学东西的时候，是跟一个华侨师傅学的，只学了一个多月就把手艺学到家了。当时我们还不相信，后来看到她真正做出来的衣服已经有了开店的水平，我们非常惊讶，也很佩服。我很崇拜她这一点，比如别人学一样东西可能要学很久，但是她总是专心致志，很快就学成了。家里的姐妹当时也没有别的想法，比如另谋出路，或者自己开一家裁缝店，就想着跟着大姐做。一般人做不到我大姐这样，花这么短的时间把师傅教的东西都学成。她不仅有天赋，同时也是很努力勤学的人，只要是学到的东西都要认真做到最好。

我们小时候家里经济条件还算可以，爸爸上班，有工资领，但是我们家有七兄妹，有时候也会困难一点。大姐作为长姐，要带我们这么多弟弟妹妹肯定比较辛苦，要不然大姐就能继续读书了。当时她的成绩很好，人也很聪明，要不是为了照顾弟弟妹妹，绝对不是读完初中就回来了。我们兄弟姐妹之间感情深，也离不开这个原因，大家相互帮助，不斤斤计较那么多。大姐和爸妈说要开店的时候，爸妈也很支持。当时我们还在读书，大姐已经非常独立了，能自己做主一些事情了。大姐店里的生意越来越好，我们后来也招了一些工人，大姐对这些工人，就像和朋友一样。大姐很随和，从不摆老板架子，大家相互尊重，工人也愿意跟着她做。大姐性格好，人缘也好。十几年前在我们这里做工的工人，不在这里做以后，大家也还是当朋友一样相处。大姐虽然对我们和工人随和，但是她做事的时候很认真，对自己要求很严格，有时候我们工作倒比她还轻松。大姐做衣服时对衣服的每一个要求都很高，尽力做到最好，令客人满意。客人也很了解她这个性格，因此愿意经常来我们店里做衣服。

（二）丈夫刘胡强

我叫刘胡强，是樊文英的丈夫。我和她相识，是因为两家人走得比较近，关系也好。我们结婚前，她就在做服装，开有自己的一家小店了。她性格很好，人也勤快肯做事。我们两个都是比较独立的人，各自有自己的工作。结婚以后，我闲的时候也会帮她做一些帽子、首饰，设计款式之类的。她在自己的工作室做自己的衣服，我就做自己的布艺窗帘生意。

她当时创办服装店的时候投入挺大，20世纪七八十年代的时候不像现在，当时学艺回来开店，第一个遇到的困难就是技术未熟、未精，第二缺少固定客源和订单，但她都坚持下来了，最重要的还是因为自己爱好这么一件事。她后来也到越南做外贸，后面丢不下这个店，还是专心回来经营这家服装店。还有一个重要条件，那时在江平镇做针线活裁缝的人不多了，加上她有这门技术，也想发扬下去，于是她决定回来。她要做什么我都不会去干涉，她做事情都会有自己的考虑，很独立，也很有自己的想法。

我们有一个女儿、一个儿子，虽然她有工作要做，但是平常也是她照顾家庭比较多。我们夫妻之间相处那么多年，没有吵过架，有什么事情都是一起商量，她能做的、想做的，我也会全力支持。店里也有很忙的时候，特别是接到大单子。她和十几个工人，从早忙到晚，每个人都加班加点地做，她也不会抱怨或是把自己的工作都交给工人。她喜欢这份工作，也用心对待这份工作。这个店做到现在，很多街坊要做服饰都想到她，是因为她认真、积极，责任心很重。她一旦接下订单，第一考虑的肯定不是能赚多少钱，而是把美和质量放在第一位，因此得到了许多好评。

（三）顾客麦女士和林女士

我姓麦，来樊大姐这里做到广州演出的服装，一方面，穿京族服饰是为了宣传我们京族文化，另一方面，樊大姐在京族服饰制作方面很受我们本地人肯定。所以我们供销社这边要做什么京族服饰，首先都是想到樊大姐。她的手工很好，会有防城港市、东兴市、南宁市的人慕名而来，许多对这类型服饰有需求的人都到她店里找她帮忙制作。她的店很专业，我们都很信赖她。

我姓林，我所在的老年大学最近有表演，服装已经在樊大姐这里做好了，现在来找她买一顶合适的帽子。樊大姐家的服饰一般都是配套的，帽子、手提包她也会自己做。我是汉族人，但我也喜欢樊大姐做的京族服饰，因为它好看，穿起来也漂亮。除了找她做舞蹈服、演出服之外，我们有些人也会找她做一些私服，衣服很漂亮，穿出去我们也很自豪嘛！我们都很肯定樊大姐的技术。她性格很好，会和我们这些顾客聊聊家常，大家感觉很亲近。

▲采访合影/摄影：采访组

苗族服饰制作技艺传承人——梁小哲

一、苗族服饰制作技艺项目概述

苗族服饰是苗族传统手工艺，制作过程繁复、精细，涉及纺织工艺、蜡染工艺、染色工艺、手工刺绣等。苗族服饰之所以发展得丰富多彩、瑰丽诱人，与苗家人的生活习俗有着密切联系，苗族服饰的制作和用材等方面展现了苗族民众的勤劳智慧和精湛技艺。

（一）纺织工艺

纺织材料主要有棉、麻、丝等。拿棉花来说，就有取棉、选棉、扎棉、弹棉等工序。9—11月是棉荫的开裂期，人工收摘棉花后将其进行多次曝晒和拣选，以清除棉花中的杂质，再用轧花机将棉籽分离放到弹棉机上进行加工，就可用其纺出坚韧富有弹性的棉线作为备用。纺织机类型比较多，分为腰机、斜织机和卧式机，平时多用斜织机做棉机，靠腰力拉直织的纱线，后脚踏综杆张梭而织，手足和谐并用，提高织布的效率。若想织出一匹花纹精美的布，加捻、捣练、煮纱、络纱、理纱等工序尤为重要。纺织过程繁杂，若一天大约织布5个小时，可需要近1个月时间才能够织好。织品有丝织品、棉麻品、棉织品等，经过不同的理纱工序之后，按理纱线的经纬织出不同的花纹，如平纹布、花布、土花布等。织出的线图案精美，颜色搭配和谐。凭借着这些简单的纺织工具，织出多彩的花布，体现出苗家人民热爱生活，在生活中不断创造美，对生活充满积极向往。

▲传统纺线机/摄影：采访组

▲纺线/摄影：采访组

（二）蜡染工艺

蜡染是苗族古老的染布工艺之一，利用蜡的拒水性作用，将蜡在织好的布上勾勒出图案纹样。蜡染构图取材十分广泛，大多以夸张变形的花、鸟、虫、鱼、铜鼓、太阳、青山绿水、几何图形等纹样为主，以点线巧妙结合，使图案丰富生动。进行蜡染时，先将自产的棉布用草灰漂白洗净。然后用煮熟的芋捏成糊状涂抹于布的反面，待晒干平整放置在石板上，用牛角磨平、磨光。接着开始点蜡画蜡，把白布平贴在木板或桌面上，把枫蜡放在陶瓷碗或金属罐里，用火盆里的木炭火使蜡熔化之后，用竹签蘸蜡勾勒作画，经过几天的连续作画，便可画出精美的图案。这个蜡不是市面上买的普通蜡，而是用刀把枫香树割出一道口子，将流出的枫香油收集，再加上羊油或者牛油调制而成，因此又叫做枫香蜡染。

▲画蜡/摄影：采访组

（三）染色工艺

点蜡画蜡结束后开始染布，传统用于织布上的染色颜料多以植物汁液作为染色料，动物血脂作为辅助染剂。不同的色彩使用不同的植物作为染色颜料，黑色的植物染料有蓝靛、野山柳、杜鹃、板栗壳和皂矾等，黄色染料有栀子、石黄和槐花等，红色染料有椿树皮（将椿树皮劈砍成小碎片）和朱砂矿物。植物染色颜料工序复杂，染色工序可以概括为制靛、浸染、上浆、碾压、净洗、晾晒等。把画好的蜡片放在蓝靛染缸里，一般每一件需浸泡五六天。第一次浸泡后取出晾干，便得浅蓝

▲蜡染/摄影：采访组

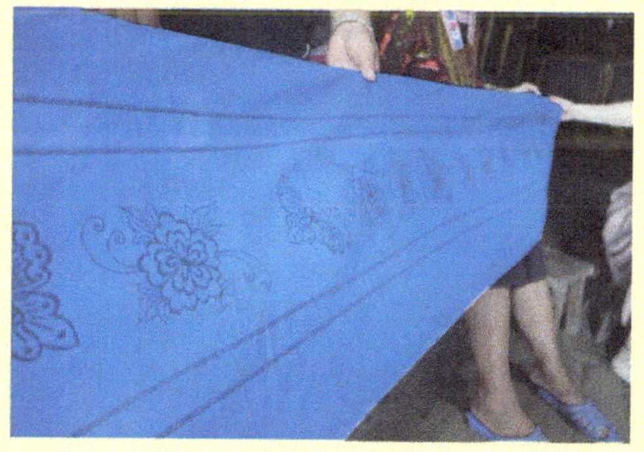
▲染布/摄影：采访组

色，再放入浸泡数次，便得深蓝色。当蜡片放进染缸浸染时，有些蜡封因折叠而损裂，于是便产生天然的裂纹，一般称为“冰纹”。对于其他地方而言，这种冰纹往往会使蜡染图案层次更加丰富，别具特色，但是对于雨卜村当地人而言，这样做出的成品是残次品，他们认为蜡染染出的纹路清晰精致才是上品。经过反复浸染、清洗、上浆、碾压后，再清洗、平铺、晾晒，就可以获得满意的颜色。染布晾晒干，即可得到满意的织布。染色后要进行去蜡操作，经过冲洗，然后用清水煮沸，煮去蜡质，经过漂洗后，布上就会显出蓝白分明的花纹来。

另外，紫红亮布和蓝靛亮布是两种制作苗服布料。制作这样的布料需经过染、漂、晾、捶、涂等多道工序，其过程大致是这样：白布下机后，用温水洗一次，晒

▲织锦·苗王织锦盛装/素材来源：梁小哲　　▲刺绣·蜡染刺绣衣裙/素材来源：梁小哲

干，放进一个内盛蓝靛、糯米甜酒液、掺清水搅匀的大染桶内浸染，一个多小时后取出过清水，晾晒干，再浸染。一天反复若干次，五六天后白布就被染成蓝黑色，叫蓝靛布。把蓝靛布加工成紫红亮布，还要用干牛皮组成的胶液，捣烂薯莨后过滤出汁液，以及将糯谷、禾秆、草灰水一起添加下桶，再将蓝靛布浸泡、晾染、晒干，布匹就变得有些硬了。然后把它铺展在平整、光滑的青石板上，用特制的坚硬小木锤反复捶打。捶打后涂鸡蛋清，等干后再捶打，如此反复两三次，经过数天的捶打均匀后，最后再用品连兑温水，用特制的鸭毛刷蘸刷在布面上。紫红亮布缝制的衣服称为“亮布衣”，蓝靛布缝制的称作“蓝靛衣”。

苗服的男装比女装简洁。男子头上多半包紫蓝色头巾，上身穿对襟上装，衣扣用小布片扎成，取单数，一般有9、11、13、15对，下穿宽裆长裤。女子多着无扣右衽式上衣，衣领、衣襟、袖口、胸襟等各个部位镶有花、草、鱼、虫、禽、兽的图案花边，内衣是一块上面绣有花边图案、呈菱形的胸围。

（四）刺绣工艺

苗族刺绣纹样内容源于生活，生动地刻画了龙、鸟、鱼、铜鼓、花卉、蝴蝶等众多形象。苗族刺绣十分美丽，技法有平绣、挑花、堆绣、锁绣、贴布绣、打籽绣、破线绣、钉线绣、绉绣、辫绣、缠绣、马尾绣、锡绣、蚕丝绣。这些技法中又分若干的针法，如锁绣就有双针锁和单针锁，破线绣有破粗线和破细线。刺绣图案反映当地人的审美观，充分展示了苗家族对美的独特创造。随着交通便利和商品流通加快，刺绣图案也因受外界影响而起了一些变化，但始终没有失掉固有的纹样形式，仍然保留着独特的风格。苗族刺绣一般以白色为底色，首先把剪纸图案粘贴在绣布上，然后根据各种图案的颜色需要选择花线，逐针刺绣。苗族刺绣一般都为女性操作，多用在女性的胸襟、衣领、袖口、裙缀以及小孩的背带上，有时用来装饰男性的头巾。

▲苗族刺绣 / 摄影：采访组

二、采访手记

时　间：2020年7月30日—8月1日

地　点：柳州市融水县雨卜村隔花吟草苗族服饰有限公司

采访人：杨小君、银壮已、谭英杰、陈炎梅、韩妮

2020年7月30日的清晨，小街静谧，当第一缕晨光射穿薄雾，街道上的一切都笼罩在柔和的晨光中。道旁的树接受着晨光的淋浴，草丛在湿润中透出几分幽幽的绿意。在这样美好的夏日清晨，我们搭上融水香粉乡雨卜村的小巴前往梁小哲老师所在的隔花吟草苗族服饰基地。从融水县城到雨卜村有38公里的山路，山道曲折，车在山道上跳跃蜗行。大约1个小时后，小巴到达雨卜，首入我们眼帘之景的是吊桥、老树、溪流、人家，苗族建筑风格的吊脚楼依山傍水，一派诗情画意。一下车，清风拂面，一股浓郁的田野清香亲吻我们的脸庞，起伏连绵的群山中隐藏着静默的

▲雨卜村风景/摄影：采访组

▲梁小哲老师（第一排左二）与采访者合影/摄影：采访组

丛林和人家，伴随着虫鸟叫声与溪流响声构成独有的交响乐。梁小哲老师的基地是一座六层楼的苗族建筑风格木楼，进入基地厅内，视野开阔，令人心旷神怡。梁老师对我们的到来表达了许久不见的思念之情，之后带领我们前往她的民宿办理入住手续。进到民宿，满屋飘着木香，色调淡雅，一个质朴灵动、充满诗意的客房如春风化雨般抚慰我们疲劳的身体。安顿好后，我们来到隔花吟草苗族服饰基地开启了口述史的访谈工作。

三、苗族服饰制作技艺传承人自述

◎人物名片

梁小哲，女，苗族，1971年生，初中学历。广西柳州融水苗族自治县香粉乡雨卜村东兴屯人。13岁开始学习苗族刺绣，2006年师从梁建英学习传统手工苗服制作技艺，为祖师传手工艺第四代传人。现为广西融水隔花吟草苗族服饰有限公司法定代表人。

2019年成为自治区级苗族服饰制作技艺代表性传承人，曾获柳州工匠、柳州市工艺美术大师、柳州市优秀民间艺术家等荣誉称号。设计作品荣获国家级奖项金奖

▲梁小哲/摄影：吴兆明

4次，银奖3次，铜奖2次，优秀奖1次；荣获区级银奖3次，铜奖2次，优秀奖1次，入选奖3次；荣获市级金奖4次。其中，《织锦·苗王织锦盛装》获2017年“百花杯”中国工艺美术精品展金奖，《刺绣·蜡染刺绣衣裙》获2017年“百花杯”中国工艺美术精品展铜奖，《刺绣·苗族蜡染刺绣盛装》获全国工艺品交易会2018年“金凤凰”创新产品设计大奖赛金奖，《苗族亮布织锦衣裙》获2018年“百花杯”中国工艺美术精品展铜奖，《苗族搭配盛装》获2018年广西工艺美术大师精品展“八桂天工奖”银奖，《服装·苗族吉祥花盛装》获2019年“百花杯”中国工艺美术精品展银奖，《背带——外婆的心“艺”》获全国工艺品交易会2019年“金凤凰”创新产品设计大奖赛银奖等。

走上学艺之路

我出生的时候，奶奶已经去世了，留给我妈妈她生前使用的背带盖、布匹、贴布绣、编织等物件。对我影响最大的是她留下的背带盖，那片背带盖背过我，上面的绣花很精美，以铜钱花为主，寓意腰财万贯。这是我记事起第一次接触编织、刺绣，那时候我觉得这个东西如此神奇，拿点线就能编织出如此精美漂亮的铜钱花，因此产生了想要学习刺绣和编织的想法和兴趣。所以这片背带盖对我而言有不一样的意义，至今我还保存着。

以前在我们这里，大多数妇女都熟练掌握服饰制作工艺。作为一个土生土长的苗家姑娘，我从小对苗族服饰制作技艺耳濡目染，并对这些技艺有着无比的喜爱与学习热忱。我们以前不像现在有手机、电视打发时间，空闲的时候大家就坐在一起绣花、织布、缝制衣服，很热闹，但是爸爸在地质队工作很忙，妈妈务农也没多少时间刺绣和做服装，所以放学回来或者空闲时间，我和姐姐就喜欢往周边嫂嫂、婶婶家跑，向她们学习刺绣以及简单的服饰制作技艺。那时候我们都是一点一点地学习，看她们做多了，自己也基本上知道怎么操作了。她们在做服饰的时候，会先裁剪、缝制好衣服，并把衣服上的大纹样绣花绣好，然后留下边边角角的小绣花给我

▲梁小哲织布 /摄影：采访组

们绣。我们每次绣好后都非常有成就感，所以在这件事情上大家都很积极，当作是刺绣的基本功来练习。

我们香粉乡雨卜村是苗族特色村寨，有苗族民居、苗族农耕文化、服饰文化、芦笙斗马等苗族民俗文化资源，依山傍水，环境优雅，自然风光美丽，所以这里的旅游资源开发得很好。当年电影《苗家儿女》就是在这里拍摄的，每年的正月十六坡会有很多中外游客来我们这里赶坡。以前就业不像现在多选择外出打拼，更多是在家务农，但因为我们这里有旅游业，所以16岁初中毕业后我就加入村里的芦笙舞蹈队，为来苗寨游玩的游客表演节目。这是我的第一份工作，那时候我开始有自己的收入，收入因表演节目场次多少而定，每晚收入2~20元。那时舞蹈队成员算是村里较为宽裕的女孩，可以自己花钱买衣服、化妆品。以前表演节目穿的服装都要自备，而且都是舞台盛装，但过去没有苗族服饰的店铺可以买到苗衣，大家都是自己做或者让擅长做服饰的人帮忙，作为交换，自己就去帮别人干农活。因跳舞需要，我就想着给自己做一套表演衣服，所以就用跳舞赚的钱买好制作衣服的材料，在嫂嫂、婶婶的指导帮助下完成了第一套演出服。自这次亲力亲为之后，我基本上掌握了苗族服饰的制作过程。

1991年，我去到姐姐所嫁的乡镇——安陲乡开了4年杂货店，之后就待在家里，兼任村里芦笙舞蹈队成员的同时也偶尔做一些零工。1999年，我在叔叔的推荐下来到南宁市贝江女大酒店上班，外出的这几年认识了我的爱人李少宁，2005年我在34岁时与他结婚。2006年，在他的支持下，我们在家里建了一栋苗族风格的民宿，并在同年国庆节开业。民宿共三层，二、三楼作为客房，一楼作为门面商铺。我从小心脏、肝脏不好，身体比较虚弱，因此不能干重活和做耗费较多体力的事情。周围的朋友和我说，有了商铺门面，要想着如何利用当地得天独厚的民族资源，可以尝试开一家售卖和出租苗族服饰的店面来增加收入，这样自己既可以做自己喜欢的事情，也不用到处奔波外出打工。所以开这个店铺，除了制作民族服装喜好之外，另一个关键是自己身体原因，如果身体好的话，我就会出去打拼了，说不定也不会走上这条道路了。

最初，店铺里的服饰都是在县城的苗族服饰店批发而来，后来发现批发回来价格也稍微昂贵，就想着自己制作苗族服饰。等到自己做之后才发现，其实批发回来的并不贵，因为手工做的东西确实很花时间。虽然以前做过苗族服饰也有这方面的基础，但是自己有很多年没有做过衣服了，手艺生疏了许多，而且以前学习目的性不明确，学得也不够系统，苗服制作技艺也并不出众，就想着拜师进一步地提升自己。姐姐嫁到安陲乡一个苗族村落，她知道我的想法之后，就推荐了我跟她的好朋友梁建英学习刺绣技艺。在他们村，梁建英老师的刺绣手艺数一数二，而且她在融水县城有自己的苗族服饰店铺。她们那边的人基本上都是去她那里买衣服、饰品的，大家对她手艺的评价都很好，店铺口碑也不错。她是一个非常热爱自己本民族文化的人，也很乐意有人拜她为师，向她学习民族服饰刺绣技艺。我拜她为师主要跟她学习苗族传统服饰制作中的刺绣技艺，并有幸成为她祖师传手工艺第四代传人。那时拜师没有什么拜师仪式，我就和她说想跟她学习苗族服饰制作技艺，之后就认她做师傅开始学习了。

因为她的店铺在融水县城，我就去到县城跟她学习，学习的那段时间都是跟她同吃同住，在店里学习刺绣。梁建英老师很有耐心，手把手地进行教学，先从绣法的种类上讲述，然后教我练习绣法技巧，包括如何把控力度使线条更匀称。比如在绣花过程中，要看得见每一个布孔，同时要考虑那个布孔里要放一针还是两针，怎样做绣出来的花才整洁，在色彩搭配上如何配色看起来才更舒服，每一个刺绣纹样背后的文化内涵是什么。我对刺绣进行了系统的学习，对从布匹、针线的选择到绣法、配色的技巧以及文化内涵都有了更深刻的认识，自己的刺绣技艺也得到更进一步的提升。学习结束后，我就将自己绣好的花纹做成了包包，还卖了25元钱。当时的25块钱也蛮值钱的了，包包卖出去一定程度上是自己的手艺得到了认可，也就更加坚定自己从事这行的信心。

▲梁小哲（左二）教授刺绣/素材来源：梁小哲

跟梁建英老师学习结束之后，我们依然时常联系，交流刺绣技艺，她不仅是我的师傅，也是我的朋友，更是我的合作伙伴。作品《刺绣・苗族蜡染刺绣盛装》获2018年全国工艺品交易会2018“金凤凰”创新产品设计大奖赛金奖，作品《苗族搭配盛装》获2018广西工艺美术大师精品展“八桂天工奖”银奖，这两件作品都是和梁建英老师一起创作完成的。她主要完成上衣的剪纸刺绣，裙子的刺绣部分由我完成。苗族蜡染刺绣盛装用到我们广西融水县香粉乡一带独特的手工蜡染头巾和背带盖，其精美图案独具一格，由苗族古辈传承至今。我们在制作时创新运用传统苗服制作工艺，加上现代理念，将手工蜡染刺绣头巾和背带盖的图案设计制作成苗族盛装，凸显庄严威武、新颖时尚。

另外，我爱人以前自学裁缝，学习刺绣回来之后他教我裁剪，最终我的刺绣技艺与裁剪技术得到了质的提升。所以说，梁建英老师和我爱人是在技艺上帮助我最大的两个人。通过这些年对民族服饰的制作，我的刺绣及服饰制作技艺得到了提升，并且开始有了自己独有的风格及特色，在本地也逐渐有了知名度。

▲与梁建英老师（右）合影/素材来源：梁小哲

走遍四方，收纳藏品

店铺开起来了之后，我把自己的工作重心放在民族服饰上。除了到县城苗族服饰店进货以及制作民族服装外，我也走上了收藏之路。收藏的物品主要是我们苗族人家的一些手工刺绣、蜡染、服装等。因为在我们苗家有这样一种习俗，老人家过世后，他生前的东西全部要烧掉，意思是烧掉的这些东西会跟随他到另一个世界。所以我想趁老人家还活着，赶紧去跟他们收东西，不然这些珍贵的物品就没了，太可惜了。店铺生意也不是太好，家庭主要经济来源是客房出租和爱人的工资。我爱人很支持我的事业，有他养着我，生活上没有太大的压力，我可以做自己喜欢的事情，包括下村下屯收藏物件。所以同行彩云苗艺商贸有限责任公司的李伊园老师笑称我们手艺人是弱势群体，需要得到社会的关注。这十几年来，收藏这些物件也不知道花了多少钱，现在我身上不能有超过2000块钱，不然就想下乡下屯收集老物件。我挂在二楼展区的《梨花鸳鸯锦》就是我去农家收来的，锦的主人是一位老人家，要是她去世了这块锦就会被烧掉。

我和我先生都比较喜欢收藏，他有时间也会陪我到各地苗寨收藏物件。老一辈的作品和现在还是有区别的，虽然以前老人家做这些东西受材料限制，样品没有那

▲藏品墙 / 摄影：采访组

么多，却有历史文化底蕴在里面。现在的机绣相对来说会比较漂亮，但在文化气息上还是少了一些味道。最初，我们在雨卜周边村屯开始进行收藏，因此对周边村屯的文化会相对了解，之后又到融水各个乡镇采风。在这个过程中，我们会问那些老人家相关物件的用途、文化内涵。下乡采风对我冲击最大的就是2019年3月去参加贵州台江姐妹节，看到那里的人们从两三岁到七八十岁的老人小孩都穿着民族服饰把自己打扮得漂漂亮亮的，而且每个屯的服装还都不一样。一个节日可以看到几十种不一样的精美苗族服装，对于我们做苗族服饰的人而言，视觉冲击大的同时还了解到了不同的文化。我把节日过程从头到尾都用视频拍了下来，不断激励自己要更加努力，要多出去看看，多了解不同地方的苗族文化。

目前在隔花吟草服饰有限公司展出以及堆在仓库里的这些东西都是我从乡下收集而来的，仓库的这些还没来得及整理，有布匹、服饰、裙子、背带盖、背面以及其他零丁的东西。蜡染背带盖这个东西，现在越来越少，我们这里只有两个人在做，10年之后我就不能收集到这种东西了，所以我一张都舍不得卖。比如我这里有一张背带盖，将苗族、瑶族、侗族三个民族的文化元素相结合在一起，很多人说要花几千元和我买，我都舍不得卖。物件收集的这些年，自己虽然没那么多钱，跑的地方也不多，但还是收集到一些自己比较喜欢的东西，并且尽自己的能力把它们保存下来，我还是很开心的。

▲收藏的背带盖 / 摄影：采访组

我这儿还收有一套2岁汉族小朋友的旗袍式裙子、一条帐帘和她妈妈的一双鞋，当年穿这条裙子的小孩现在已经80多岁了。裙子有点脏，我还不知道怎么清洗，后续可能请比较专业的人来帮忙清洗。旗袍式裙子是淡粉色的，前面绣有梅花，后面绣有荷花，帐帘上还附有一首诗，内容是“飞雨欲晴还未晴，嫩凉心似秋倍清。红墙微放三分色，确胜丁香几味清”。这双鞋子是小女孩妈妈的，鞋底由牛皮制成，上面是手工绣花，有100多年的历史了。她妈妈在当时是大户人家的小姐，这些都是她的嫁妆。在我们这里，嫁妆一般不到万不得已不会乱动，所以这个鞋子基本上没穿过，鞋底还很新。

▲收藏的织锦和绣花鞋 / 摄影：采访组

我最喜欢的几个背带盖是我们苗家的蜡染背带盖，上面有太阳纹、有铜鼓、有树、有花、有饭桌，体现了苗家人民的日常生活。我们本地人认为蜡染纹样连续且清晰才是好的，纹样断了说明蜡染时蜡没有调好，所以染料才会混进去，出现浅蓝色痕迹。但是每个人对美的标准不一样，所以做出来的作品也不一样。我还有一些纯手工制作的小织带，上面绣有精美的小花边，纹样一样的都是一对。这些东西当时人家都想扔了，我舍不得就花钱把它们买回来了。因为现在没有人做这些了，不保存下来以后就看不到了。我还收藏有很多织锦，家里没地方放就放在办公室里，钱都砸在这里了。下乡下屯收这些东西的时候，我都给别人比市场价格高的钱，因为我觉得这些东西真的很珍贵，给少了我自己也会不好意思拿。我把我的藏品给你们看，看到你们喜欢我就更加欢喜了。

自我提升，日臻完善

以前信息通讯不像如今这么发达，又因一直生活在乡下没有相关培训信息，所以我都没有机会出去看看。2017年的一次契机，村妇女主任马晓东和我说："县文化馆和妇联联合举办刺绣学习培训班，你有空的话可以报名去学习。"知道有学习的机会后，我爱人无条件地支持我报名，学习期间还前往三江侗族自治县观看"绣娘刺绣大赛"。那个时候我才知道，原来有那么多人热爱且从事民族服饰、刺绣这一行，因此更加坚定我在这条路上走下去的信心。学习结束之后，带我们前往三江学习的文化馆领队工作人员和大家说："广西民族大学举办非遗培训班，现在正在招收学员，一个月左右的学习时间，需要带上自己的服饰作品，大家谁有空且感兴趣的可以报名。"我是当中最积极的一个，事后才知道自己成为那期最早报名的学员。

那次我们融水有5个人参加了广西民族大学的培训，大家都有着非常好的手艺，拿得出手的作品有很多，现在都成了好朋友。培训学习最大的收获就是廖明君老师课上讲到的非遗传承人申请的流程以及注意事项，这对我培训结束后申报传承人有着最直接的帮助，现在自己已经是区级传承人了。在上课过程中，我因为个人文化程度较低，对老师课上讲的理论知识在理解上还是存在一定的困难，但是通过培训，我对民族服饰的制作、发展历史以及文化内涵有了更系统的认识。在我们家，我的学历算是最低，因为那个时候不重视教育，考不上就不读了，都是回家看牛种田，现在才知道读书的重要性。古人说"书到用时方恨少"，可能别人不走我这条路，不到外面看看，是感受不到读书的重要性的。我现在电脑什么的都不会操作，连买个飞机票也不会，都是我儿子帮忙，所以说没有文化很吃亏。

另外，培训学习还安排了课外考察，我们去了三江侗族自治县韦清花和杨甜的侗绣博物馆。这对我产生了较大的冲击，推翻了我以前认为博物馆是一个神秘存在的认知，我发现过去日常生活中常见的对坎、锤布石、织布机也可以成为博物馆中的一部分。我觉得这个事情自己也可以做，萌发了要做一个关于苗族服饰博物馆的想法，希望能把这二十多年所收集到的苗族刺绣与服饰物件展示出来。

▲在广西民族大学学习/摄影：吴兆明

去广西民族大学参加学习培训的每一个人都是这个行业的精英，除了学习到很多知识外，结识同行精英和她们成为志同道合的朋友也是最大的收获。因为我们每个学员参加培训学习，都会带上自己做的服饰作品过去，所以在班里我们就可以看到广西各地的民族服饰，同时每个人都有自己的手艺，大家就会相互交流学习。有一件印象深刻的事情是当时在民大（广西民族大学的简称）培训我穿了一件用苗锦剪制而成的衣服，同学们都说："你怎么舍得拿锦来剪?"我回答她们："不穿出来人家都不知道我有这些东西，所以当然要穿出来。"当时我和几个同学关系比较好，在培训期间大家干什么都是一起，所以现在也成了很好的朋友。在这个过程中看到更优秀的手艺人，我深刻意识到技艺的价值，有了更坚定传承技艺的动力。

学习回来之后，我开始与高校、柳州市二轻城镇集体工业联合社和县文化馆等相关机构有了更多的接触，在信息资源上就比过去多了很多，有更多展示作品的机会。2018年5月，廖明君老师在我们培训班学员群里发布了河池学院国家艺术基金项目培训的通知，当时是我儿子帮忙报名，留了我爱人的联系方式，差点因为没看到录取信息而错过那次培训。在那次培训中，我认识了对我产生较大影响的柳州职业技术学院陆进老师和马践老师。陆进老师说，她在3月份西安"金凤凰"展会上见过我，因为对我当时参展的作品很喜欢，就记住了我的名字。在培训班学员名单上看到我名字之后，她还问全班同学谁是梁小哲，要好好认识下。培训的那两个月，我都和她住在同一个宿舍，结下了深厚的友谊。

陆进老师出生在书香门第之家，父亲陆重礼是画家，原来是柳州群艺馆的员工。在培训期间，她教我如何看学生的毕业作品。比如，不同种类题材的作品要从哪里去看它的好与不足，这些分别体现在哪里。她在服装设计以及画画上很有自己的想法和风格，当时培训期间有一个课程作业是画画，她耐心地指导我，对我进行零基础教学。以前我没有勇气画画，因为觉得自己没有学过。在上课老师和陆老师的指导下，我发现自己在画画上还是蛮不错的。在参加培训学习的同时，我还要准备展会比赛的作品，那时候可谓是既充实，又匆忙。培训结束后，我继续抓紧时间完成作品参展。那次参展作品需要5个背带盖，之前有托其他老师帮忙画图，但是等我回去她们才画了2个，在时间上来不及了，所以我就自己画了，最后画的效果还不错，之后画图都是我自己来了。现在我们公司这种小杯垫也是自己画图，我觉得自己很幸运，在这个年纪还能遇到那么多好老师。陆进老师说她在我身上学到了一种匠人精神，所以我觉得去学习培训是一个互相影响、共同进步的过程。

▲与陆进老师同台/素材来源：梁小哲

薪火相传，匠心相携

（一）薪火相传

现在因为生计需求，外出务工成为当地民众经济收入的主要来源。平心而论，做民族服饰这一行不赚钱，没有多少人愿意学习这些手艺，我坚持下去的动力更多是因为喜爱，所以我在招收徒弟上要求不高。可能有些行业有很多程序、规矩和传统的拜师仪式，有些还只传男不传女，但是对我来说没有这些讲究，唯一的标准就是愿意学习，不论男女老少。我现在还去学校给学生上课，每次只要有一两个想要学，我就感觉收获很大。目前我有4个徒弟，年龄在8~30岁之间，第一个是我的大孙女8岁，第二个15岁，在县城就读初中，第三个17岁，在读卫校，第四个是村上一个30岁的妹妹，其余的那些学徒都是村上小孩。假期我会动员这些小孩来我这里学习，如果绣得好，就给她们做小包包当做奖励。此外，我每年也去学校开刺绣培训班，教学要求不高，能够培养一两个对这方面有兴趣的学生就满足了。自己也有想法培养自己儿孙从事与之相关的行业，但是主要看他们自己的意愿。因为孩子们现在的主要任务是学习，不能过多分散精力。如果他们喜欢我们本民族的技艺，我会利用他们的课余时间进行教学。小时候，相对村里其他人家来说，我们家经济条件还算可以，村里有些家庭非常困难，连买针线的钱都没有，那种贫苦是我们现在无法想象和理解的。我在跟嫂嫂、婶婶们学习刺绣、制作服饰的时候，她们就告诫我，作为手艺人要爱惜针和线，所以现在我不论是去上课，还是教授徒弟，也是这样告诫他们要爱惜针线。

以前师傅教我的时候，直接从绣法上开始，所绣的图案都会提前画好，配色较为艳丽，同时会告诉我所绣图案的寓意。我现在教授方法有些许差别，开始时我也会帮他们画好图案，到后面就让学徒们自己先尝试画要绣的图案，我再帮他们稍做调整或者修改色彩搭配为偏素雅些的。这些转变也和我个人经历有关，尤其是在色彩搭配上，我们可以在本民族传统服饰上看到这些艳丽的色彩搭配，大家都能很好理解和接受。但这些年参加比赛，对比别人的作品，我发现素雅人们会更加喜欢，也会更加耐看。因此在教学的时候，我会让他们明白在坚守传统的过程中也要学会创新，与外界接轨，让更多人喜欢和接受我们本民族的东西。同时，我会告诉他们设计的样品要丰富，不要局限于刺绣及服饰制作，也鼓励她们发挥想象，设计文创产品。老一辈的作品和现在也有所区别，老人家做这些东西受材料限制，样品较少，但是有历史文化底蕴在里面；现在的机绣更美也更漂亮，款式也多样，但在文化气息上还是少了一些味道。因此我也会告诉她们在创新的同时，民族本质的东西还是不能丢弃。

▲学生访谈/摄影：采访组

（二）匠心相携

我们融水每个乡镇的苗族服装都不大一样，外人弄不清，我们还是分得出来的。比如说，款式、花边和配色种种都有区别，特别是杆洞乡和汪洞乡那边的苗族和我们的不一样，那边比较偏素雅。现在纯手工制作的服饰基本没有了，一般保留部分手工制作，比如绣花、蜡染等。制作工序及工艺的繁复程度已人人减少，大家思想观念的转变，使得服饰制作的材料更加现代，制作方式也趋向机械化。以前老人家制作服饰大多使用自己织染的布料，比如蓝靛布和亮布就是我们这里最传统的服饰布料。现在的布料基本上都是在市面上买来的，织布、纺纱、染色这种传统的手工艺制作已经很少，年轻人基本上也不会了。

在我们这里，走进大寨就可以看到身穿传统苗族服饰的老人。她们平时穿便装的比较多，因为方便干活，并且传统的服装很简便、素雅。年轻人一般在坡会或者节庆的时候才穿我们本民族的服饰，佩戴漂亮的银饰，平时大多数时间都是穿现代衣服。我在外学习回来之后，对服装多进行款式上的改良，刺绣还是按照老一辈的来做，因此在刺绣针法上创新比较少。虽然我在培训的时候有跟不同地方的同学学习特色针法，比如跟云南来的同学学了一种布依族针法，但是在我们这边又不实用了。我们苗服上的刺绣很精细，以前周围的人都会来我们雨卜村卜令大寨学习刺绣，

▲荣誉墙/摄影：采访组

▲《苗族凤凰衣盛装》/摄影：采访组

但是现在服饰更多的使用机绣，纹样往大的做，花边也比以前做得宽，例如贵州那边做的花样都是很大块，我现在设计的花样大小也会稍微参照贵州那边。传统上我们这边以及周围村屯多是穿短裙，但是近十年来大家开始穿长裙，所以我们也会按照大家的需求来做长裙。

在创作作品时，我们也会跟随潮流走。因为这些作品要拿到外面参赛，因此在保留传统的同时要突破、创新，与外面接轨，打出名声，这样才有更多的人关注到我们的民族文化。如果产品是面向村里面的人，还是要有我们地方的特色，所以做的服饰还是不能偏离传统太多。比如在创作服饰的时候，我把以前作为定情信物的织带用在衣服设计上，同时花色、纹样做得更加大气。另外我在衣服设计上也会加入背带盖元素，因为背带盖图案非常漂亮，颜色也不那么艳丽，比较淡雅。后来我根据这些理念设计的一套服饰去柳州市参展获得了金奖，虽然级别不高，但很有意义，是我第一个参展获奖的作品。目前我正在创作《苗族凤凰衣盛装》，准备拿去参加2020年“金凤凰”比赛。这套服装使用了四个苗族蜡染图案的背带盖，创新传统苗服制作技艺，以蜡染图案加刺绣替代传统花卉刺绣图案设计。最初将帽子设计为包头巾的样式，大家觉得像服务员不够美观，在我爱人的建议下，不做包头式的帽子，做成了凤头状。上衣为传统右衽式苗衣，下装为西式包臀短裙，裙后为加长褶裙摆，似为传统苗族凤尾。制作的时候，凤尾处有一些线头毛毛，得想办法怎么遮住，本来想放一块黑布，后来考虑到黑布可能质地比较硬且不美观，就把年轻女孩子裙子上的黑色蕾丝剪下来用，这样既凸显古老苗族蜡染服饰的素雅秀丽，又有时尚感。

除了做服装参加比赛外，我也会做一些能体现我们苗族传统文化的其他作品，例如《背带——外婆的心“艺”》获全国工艺品交易会2019“金凤凰”创新产品设计大奖赛银奖。这个背带上颜色有点旧的一面是之前师傅做的，三个比较新的花样是我绣的，绣好后我将四块绣面拼起来做成一个完整的背带。在我们苗家，一般背带盖都是外婆做的，而这个背带盖由两代人完成，有一种传承的意思在里面。所以这是两代人的心“艺”，这个“艺”有两层含义，一个是蕴含两代人的手艺在里面，另一个则是蕴含外婆对小孩的爱，所以就取名为“外婆的心‘艺’”。

留乡创业，实现梦想

2018年，融水县认真落实区市县就业工作方针政策，积极营造“万众创新、大众创业”的氛围，加快创业孵化示范基地建设。以“巾帼脱贫建新功”为主题，开展系列服务妇女创业就业工作，希望打造72家巾帼扶贫车间和巾帼脱贫示范基地，

▲《背带——外婆的心“艺”》/摄影：采访组

培养一支“返乡创业女能人队伍”，带动上万名留守妇女发展产业，实现就近居家就业创业。在这样的政策背景下，同年我又获得市级非遗传承人、柳州市工艺美术大师和柳州工匠等荣誉称号，因此得到了我们当地领导们的关注。当时融水苗族自治县人社局（人力资源和社会保障局）的银丽江大姐联系我：“你得了这么多奖项，又得了这么多荣誉了，在我们融水是很少的。要不然你就办一个公司，我们这里有个创新创业孵化基地给你，你就办一个基地，鼓励当地建档立卡的贫困户入驻基地。”她和我说了这个事情之后我考虑了很久，现在又有相关政策，而我们雨卜村又有这么好的旅游资源，确实应该去争取一下，不仅可以好好宣传我们村的民族文化，同时为脱贫攻坚贡献一份力。但是当时自己确实没有足够多的钱开办公司，所以也就没有立马把这个事情做成。

2019年，我被评为自治区级非物质文化遗产项目代表性传承人，并且参加大型博览会成绩优异获得了奖项，所以人社局的工作人员又联系我说可以给我10万元的贷款建立基地，并且国家还会补贴利息。但是当时我在乡里的信用社还有欠款5万元，所以我的兄弟姐妹们借钱给我还了贷款，才能贷到这10万元。因为资金不足，后来我又来乡里信用社贷款了10万元。政府还是很支持我的，所以20万元的基地

▲基地外景/摄影：采访组

建设费用也就有了。我的先生在这件事情上非常支持我，他说："人活着都要做一件事，如果什么都不做的话，就白白来了人生这一趟。那你就做这件事。"目前我们基地还是很简单的装修，看着很土，反正就想着先把事情做出来，后面再慢慢摸索、完善。公司的名字其实和我爷爷有很大的关联。爷爷以前是这里的一个秀才，写了很多诗和词，我们融水的《玉融诗社》和《柳州诗词选》刊物都有发表他的作品。他过世之后，我一直保存着他的一本诗集——《隔花吟草集》，这本诗集写的是我们这里周围的风景，还有我们各地的人文。我们开公司取名字，想来想去不知道取什么名字，后来就想到爷爷的《隔花吟草集》，就用"隔花吟草"来做公司的名称。因为我的童年是我跟着我爷爷过的，所以他也会教我这些诗词，用这本诗词集的名字也算是一种传承吧！

隔花吟草服饰有限公司在2020年4月8日开张，还是比较简陋，一楼前面部分是苗服展示区，里面是创业孵化区，二楼是会议室、办公室和创业孵化区。创业孵化基地主要是为了帮扶我们当地的贫困户和返乡创业的大学生。一楼有22户，二楼有9户，一共入驻31户，其中有17户是贫困户，还有4户是返乡创业的大学生，还有10户的农民工，进驻在我这里的一般都是有手艺的人。各户铺位"捻钩"（抽签）决定，每家的东西都不一样，每户凭个人的水平、手艺、眼光来做东西。因为刚开

▲基地内景/摄影：采访组

张，新的东西也没出来，所以摆放的都是旧东西，大家也在商量着做哪一些好。目前设计方面我们还不能做出来什么东西，以后考虑设计做点包包什么之类或者和学生、高校合作。别看我们雨卜村小，但是有很多很好的民族文化，包括蜡染、织锦、刺绣、编织。织布、亮布、土布这种就不用说了，哪里都有，以前周边村屯的织锦花样都是从我们这里传出去的。所以这个基地建成后，外面来的游客都会进来参观，了解我们雨卜村的民族文化，顺带也算是帮我们做下产品推广。我们基地执行轮班制，31户人家，每家排一天班，其他人居家就业，大家有空也都比较愿意过来基地做东西。以前没有这样的平台，他们的手艺都荒废了，在这里不仅可以施展手艺，同时还可以赚一些钱，他们都很乐意。比如我们这里有两个年轻的织娘，手艺都很好，还会装织锦机，你们在基地这里看到的织机都是她们装的。现在她们织了一个系列不同颜色的围巾，还去参加了“八桂天工奖”评比和旅游产品展会，算是我们这帮年轻人里的佼佼者。

目前我们遇到最大的困难还是设计和销售。比如这个手工织带，以前是女孩子给男孩子的定情信物，绑在男孩子打猎的包上，或者上山背笼就用这个来做绳子绑住腰，要两天才能做好一条，但是只能卖30块钱，卖贵了人家就不买了，所以说还是挺难的。我们所做的产品还是只能面向来我们村里旅游的人，或者通过微信朋友圈宣传，哪个想买就给人家做。另外我们这边是民族地区，有些企业、酒店要求穿着民族服饰上班，就会跟我们下订单。所以产品主要还是内销，来源更多是周围的村民。我们也想多做一些产品售卖出去，这样绣娘才能有收入。我们有想过外销，但是资源渠道比较少，所以我们希望与高校合作，让学生帮忙设计作品，利用线上线下结合的方式，通过自媒体平台、网络平台把产品外销出去。目前签有合作协议的只有柳州职业技术学院，合作内容是他们那边设计款式样板以及销售，我们这边负责织绣，做出产品。我们正在商谈当中，协议已经签过了还没有真正去落实，但是这个事情也急不来。陆进老师她也很喜欢这件事情，因为她本身就是做这一块的，所以我们两个算是找到知音了。公司未来发展方向是多与高校合作建立校外培训教学基地，请本村妇女刺绣、织锦民间高手实景展演、教学、带徒，拓宽就业渠道，提高村民收入，提升企业知名度。在条件成熟后，我们计划将基地四楼建成公司旗下的苗族特色旅游宾馆以及特色饭店。

这一路走来，非常感谢我的爱人李少宁，因为我自己比较懒惰，他会一直鞭策我，能有今天的成绩也是因为有他支持。比如前段时间我们这个基地刚弄好，他就提议说要不去融水开个店铺，接点业务什么的。目前我还是不太想出去开店，一方

▲与学生交谈/摄影：采访组

面我这个身体经不起折腾，太多、太累的活也做不了。另外我是雨卜村人，所以更想为我们村做一点事情。我希望人家来到我们这里，至少有个地方能让别人看到我们苗族的文化。所以抱着这样的情怀，我想打造一个平台，让各家各户把他们的传统手艺展示出来，将我们苗族文化宣传出去。我也希望能够尽自己的能力帮助乡亲们，带动我们雨卜村的经济发展，我觉得这还是蛮有意义的。虽然一路走来有赞扬、有争议，但是我不在意别人对我的评价，我觉得做了自己喜欢做的事，愿望达成了，这就足够了。

四、大家谈大师

（一）丈夫李少宁

我是梁小哲的爱人李少宁。2003年我和同一个办公室的扶贫队前往雨卜参与扶贫工作，每个礼拜都要拉货、拉钢材等物资前往雨卜。我负责与司机（同时也是扶贫对象）进行调配，因此在他介绍下与梁小哲相识，起初也是方便在扶贫工作进行一些沟通。我们结婚后，因为她外出打工既麻烦也不是很赚钱，她堂哥在村里有做客栈接待游客的经验，所以我们在2006年的时候在村里开了客栈。来我们雨卜游玩的人经常问道："村里的苗族衣服是怎么样的？怎么没见有什么特色呢？这里都是卖小吃的店面，怎么没有什么民族特色的店？"这样类似的问题很多，我们也说不上来。但是既然都说没什么店，那说开就开，也是2006年那年，在客栈做起来后我们就在客栈一楼开了售卖各种工艺品、苗族服装的店面，同时也做苗族服装租赁生意。但游客来了还是觉得没什么东西，说我们这是苗族村，却没什么人穿苗服。我们

▲夫妻合影/素材来源：梁小哲

挂出来的苗族服饰，他们询问服装有什么地方特色、银饰是怎么回事，等等，我们了解的相对来说很少，也不知道怎么向游客说。我告诉小哲："你看，苗族这些东西这么好，比如这些老的苗族服饰啊，但是人家问我们又说不上来什么。真要做这个行业，还要去问老人，跟他们学习这些。"梁小哲听了就上心了，开始向家里老人们询问苗族服饰的特点、特色，为什么是这个样子，然后又到各个地方去问，也顺便收了很多老东西，包括背带盖、肚兜。但是这些挂在店里，又很少有人问。我们想那就再挂一些现代的东西试试，后来又从广西科技大学教授黄其明（教油画的经常来我们这采风）那里拿了一些作品放店里展示，放了好久，但游客又不问，村里人又不懂，还是无人问津。后来我们进行了反思，认为做事情还是不能太浮躁，要沉下心来，要认真了解我们的民族文化。所以我们开始收集老旧、传统服饰向游客们展示介绍，起初家里人还是有些忌讳我们收这些老旧物件，因为当地风俗里人死了这些东西都是要烧掉的。这样我们就有自己做传统苗族服饰的想法，但是我们又不会做，有时去跟一些老艺人学习制作苗族服饰，人家也不一定愿意教。我因为在单位做的是修理工作，就想着自己"解剖"和仿制那些收回来的老布料和衣服。梁小哲虽然从小有学习刺绣和服饰制作，但不怎么系统，我建议她既然要学做这个还是拜个师吧，就找了梁建英老师拜师，想着学习刺绣（是祖传的手艺，在乡里比较知名）。因为梁小哲年纪大，刺绣相对年轻人没有很大优势，而且制作周期也长，做得比较慢，后来她将主要精力转向做服饰。我也跟她说现在做现代服装没什么市场，在苗族地区人家就想看民族服饰，你就跟师傅学习做传统的苗族服饰。梁小哲自己悟性比较好，还有自己对苗族服饰的配色、设计的容易理解，所以她学得很快，也顺利成为梁老师的第四代传人。

开始我们生意还可以，有客房和店铺的收入，但支出也很多，主要都花在去农家收购老旧服饰和老东西上。梁小哲会苗语，方便与老人们交流，很多人都愿意拿出来给我们看或是卖给我们。她跟老人聊天，也能理解老人介绍刺绣、图案这些时所表达的意思。我听不懂苗话，她就给我解释清楚。开始她也没太注意记录下来这些问到的内容，苗族也没有文字，都是老人传下来的，我就建议她做好记录，问清楚这些老东西是谁做的、怎么来的，也方便我们估算这些东西的年份。这些年我们去了很多地方，也收到了比较多的老东西，当然也有遇到别人不愿意卖的时候。因为有些是老人家的嫁妆或比较舍不得、有意义的东西，有些因为开价过高，还有些他们见我们喜欢但又舍不得只卖一部分给我们，这些都有些遗憾和可惜。

梁小哲心脏不太好，受不了刺激。她做服饰手艺不错，但做生意不行，因为不会经营，现在主要还是靠客房收入为主。建设基地我们贷款了几十万，网上销售有想过，但是我们年纪大又不会弄，主要靠旅游收入，游客多，卖得就多。但这几年修路，今年疫情，就没什么人来，也没什么收入。所以我给她的定位就是，生意做不下去，发财不可能，既然都喜欢做民族工艺，就要花精力做，要一直坚持下去，传承下去。现在孙女在市里读书有空也会跟着学一些，之前梁小哲在中心小学免费培训上课，发现有两个很厉害的学生，然后想收他们为徒，但人家不是很乐意。不过还是有很多小孩子喜欢，来跟梁小哲学。梁小哲去外面参赛培训，大多数是我们两人一起去，住宿、车费这些都是花自己的钱，光出去参赛一次大概就花一万多元的费用。所以很多时候我们都是投入多、收入少，这也是我们目前比较艰难的地方。

2018年我们去西安一个私人博物馆访问交流，带了自己做的苗族服饰去进行交流展示。他们馆主收藏有贵州、湖北的苗族服饰，就拿出来给我们看。梁小哲在服饰方面比较精通，就指出他们馆里衣服的布料、材料是现代做的而不是那个年代的，人家也很佩服碰到了高手。刚好接待我们那位女士她的爱人是研究服饰方面的教授，我们就说想去其他地方学习，多了解各地的民族工艺。这位教授却建议我们不要去学，以贵州为例，都知道那里做得很好，北京的各大高校都有学生去学习交流，但是现在那边的东西很多都变了，没了原生态，都是改良创新，现代化了。如果我们去学习肯定要学新的东西，现在学也没有那些学生学得快，还不如保留我们自己的传统，坚持做传统的。梁小哲对苗族的东西很容易理解，但对新的东西理解比较慢。我们参赛获奖的作品也有改良的，虽然用的是传统原材料，但一些色彩、刺绣、样式都有改变。苗族的婆婆、阿姨不认可、不接受，说我们搞这个不是苗族的东西，但是外面的人看了就觉得很新颖，很喜欢。所以我们做这些也是很纠结，但是现在的想法还是好好传承我们传统的民族工艺，做好我们自己的苗族服饰。

▲全家福/素材来源：梁小哲

（二）表哥莫雪祥

我叫莫雪祥，是梁小哲的表哥。我们这边都是苗族，家家户户都是自己织土布，搞蓝靛蜡染，自己做衣服穿，所以女孩子从小就跟着学习织布、刺绣、蜡染、自制服装。那个年代你不自己做就没有衣服穿，因为没有钱买，交通不方便，出去也难，所以都是自己做。梁小哲是姑妈的孩子，我们从小一起长大。我也是看着她长大的，她在家里辈分比较小，小时候比较顽皮活泼，想干什么就干下去，想做什么就要做成，刺绣这些都是跟外婆、村里老人家学的。现在村里或者外面人来跟她学刺绣做服装都是免费的，她也招村里的绣娘来她店里工作，免费培训，带她们去比赛。她性格外向，人也勤奋和坚持，除了跟别人学刺绣、做服装，也自学设计。她比较有自己的想法，以前打过工，也去矿区卖过东西，后面开店卖服装，一直做到现在，做得挺好。她还坚持那么多年到处收老旧的东西，想着以后开一个博物馆，展示我们苗族的文化。她经常走来走去，找人学习，这附近大大小小的村都差不多走完了。我很支持她做这个，如果有什么能够帮上她的忙，我也都乐意帮她做。她成为传承人对我们也帮助了很多，我的老婆、女儿只要有空都来她这里学刺绣。我老婆在她这里有个摊位卖刺绣，以前在电站工作，下班才得过来学，现在退休就经常来做这些。我老婆经验还很少，也没获什么奖，不像梁小哲做这么好，还经常参赛得奖。现在家里有人从事这行，挺好的，大家都会自己做苗服，平时过节什么的都会穿自己最好的盛装去参加坡会、踩堂、跳芦笙舞。

▲莫雪祥（右一）接受访谈/摄影：采访组

（三）大徒弟贾艳秋

我今年35岁了，现在有两个小孩，从河对面的村嫁来雨卜。以前在村里表演队跳舞的时候，路过雨卜就经常看到梁小哲在做服饰，那些衣服挂着也很漂亮，看着就很喜欢。她会免费教我们做衣服，所以后来我有空也经常来跟梁小哲学习。2016年我正式拜师学艺，也没有正式的拜师仪式，她就问我愿不愿意学，我说愿意，就一直跟她学到现在。刚开始真的是零基础，我连缝纫机都不会踩，从基本的锁链绣、平绣等开始学，真的很紧张，担心自己做不好。好在梁小哲很细心地指导我，我有不会的她也会很认真地教我。她跟我说做这些手工活要细心，要做到最好，真的像个大姐姐一样。我是大徒弟，是第一个跟梁小哲正式拜师并坚持学到现在，很多人都中途放弃了。我带着两个孩子不容易，投靠师傅既能学习还能有点收入，自己家的小孩子也能穿上自己做的漂亮苗服。我本来只想学好自己做衣服就得了，没想到还能参赛。梁小哲希望我们多出去看看，所以给我提供了很多参赛的机会。虽然我最后都没去，但她会带着我的作品出去参展，还有一个作品得了金奖。我老公还不信我的作品能得奖，我也想不到，真的是很高兴，也很惊喜。今年疫情我在家还做了蜡染刺绣杯垫，她都会帮我带到外面去参展，真的帮了我很多，我非常感谢她。

（四）侄女梁吟园

我今年18岁，刚从卫校毕业，是家里最小的。我小时候穿的帽子、衣服都是姑妈做的，我从八九岁开始就跟姑妈学做刺绣，自己也喜欢这些。我们这边对这种传统工艺蛮重视的，家里人也支持，就一直跟着学。我都是从零基础开始，并坚持到现在，从锁链绣这类简单的刺绣到自己能绣背带盖，现在也在学织锦和蜡染。记得以前学绣花，刚开始绣的边上都是毛毛的，做得也不好看，歪歪扭扭，姑妈都会很耐心地教我该怎么做，怎么把它弄平弄好看。我做不好，她也没有骂过我，还会很细心地教我拆了重新做，告诉我仔细一些就能做好了。我在外面读书，同学大多

▲梁吟园接受访谈/摄影：采访组

数来自三江、融水，家里也有做这些民族服装的，我也会跟他们交流学习。我这些年都在外面读书，对她的一些事业、作品还不是很了解。现在毕业回来，我就有比较多的时间来她这里学习，以前都是假期才有空过来跟着学。毕业后，我想着找离家近的医院上班，也方便回来跟她学习，传承好我们苗族传统工艺。这些年我也跟着姑妈出去参加一些走秀活动，包括南宁和柳州，她会跟我讲很多她所知道、了解的服饰制作的绣线、制作特点、设计等东西，我也学到了很多。姑妈在生活和学业上都很关心我，我现在刚出去实习，不习惯外面的生活，遇到很多困难，她都会打电话和我聊天，教我如何面对困难和解决问题。

（五）员工贾大姐

我今年42岁了，和梁小哲从小就认识，小时候她带着我去跳舞，上山挑柴，做些小东西。她后来开店，建立基地，告诉我如果有需要可以到她那里做事情，我就过来了，在这里主要是织布和织锦。轮到我在基地值班的时候，我都会按时按点来，其他时间有空我也都过来，也不耽误农活。因为以前都是自己回家做，但是做得比较少，来基地做就会做得比较多，做得多、卖得多，收入也就变多了。

我跟梁小哲学刺绣很多年了，一有空闲就来跟她学，学了很多花样和绣法。她技术很好，经验丰富。我们没什么文化，但是她说的我们都听得懂。她会教我们具体应该怎么做、怎么绣，而不是只说这是什么针法。这让我说还真说不上来，我真的很佩服她。她还创新，会想到别人想不到的主意，跟得上现代的潮流，总之各方面都比我强很多。跟着她学习，自己做出来的东西都比较好看。虽然有很多讲究和

▲贾大姐（右）接受访谈/摄影：采访组

针法，但是只要你用心学，听得进去，就学得来。她也经常说保持一个好的心情比较重要，心情好，做的东西也肯定好。我会一直在这里跟着梁小哲，因为不仅能学习我们民族传统文化，平常也能做这个赚一点钱，是一件很开心的事情。

（六）小卖部荣大爷

我们都是一个村的，从小就认识，以前村里很多人都是自己会做一些刺绣，但是现在很少有人学这个了。现在有政府政策支持，加上梁小哲那里的基地建起来了，很多人都会去她那里学习做东西，然后还能卖钱养家。只要大家愿意学，她都会免费教，也带动那些年纪比较大、没什么文化的人去学习。她人很好，做事情很积极、很有热情，有什么需要帮忙的她都会很乐意去做。她现在做的这些都会带村里的人一起，带头帮助村里妇女就业，帮助大家增加收入。我们村也有自己的群，只要有培训，有外面的老师来交流，她都在群里通知大家。我看电视也经常看到她，知道她得了很多奖，店里也有挂很多荣誉证书，真的是为我们村争光了。

▲荣大爷接受访谈/摄影：采访组

附录：访谈提纲

一、传承人访谈

1. 传承人的学艺背景

了解传承人个人信息，包括所处村落、年代、家庭、婚姻及教育程度等情况。通过聆听传承人儿时的回忆，分析对传承人学艺有重要影响的环境、事件。同时，在征得传承人同意的情况下，对过去的相关照片、文字材料、实物等进行拍摄。具体提问如下：

（1）你今年多少岁了?

（2）你读过几年书?

（3）可以说说你儿时生活的那个地方吗?

（4）你是从什么时候开始学习这门手艺的? 习艺的时间有多久了?

（5）你是在一个什么机缘下，选择学习这门手艺?

（6）那个年代学习这门手艺的人多吗？

（7）说说你当时的家庭情况，家里人支持吗?

（8）当年你是跟谁学习这门手艺的? 有没有专门的师傅教学呢?

（9）这门手艺有性别禁忌吗? 哪些人可以学，哪些人不可以学?

（10）传承方式是家传、师徒或者是其他方式吗?

（11）你是第几代传人呢?

（12）你目前是否有传承的徒弟? 有几个? 他们是你的直系亲属或者是其他亲戚吗?

（13）说说你儿时对你影响最大的几件事是什么?

（14）你什么时候结婚? 丈夫是做什么工作的?

（15）你有几个小孩?

（16）结婚和有小孩后，对你这门手艺有什么影响吗?

（17）除了这门手艺，你还做过哪些挣钱的工作?

（18）你外出交流学习后，最大的收获是什么?

（19）在这个学习交流过程中，对你影响最深刻的事情是什么？

（20）交流学习后，你是否想对产品进行创新？最想在哪方面进行创新？

2. 工艺的材料和制作过程

了解工艺的一个完整制作过程所需的材料、工具、环节、步骤和用时。采访过程中，还需要注重拍照，记录制作的用料，同时以视频的方式记录制作的每一环节。具体提问如下：

（1）该项技艺发展历史是怎样的？从什么时候开始出现？发展历程如何？

（2）图案有哪些？来源是什么？它们有着什么样的符号象征意义？

（3）用什么材料制作？这些材料有什么讲究？如何获取这些材料？

（4）现在用的材料和过去一样吗？

（5）制作的工具有什么？是手工制作的吗？

（6）这些工具的选择对最终的呈现效果有直接影响吗？

（7）一套完整的工序需要几个步骤？最重要的是哪一步？最难的又是哪一步？

（8）从事这行那么长时间了，你认为怎样才能把这门手艺做好呢？

（9）在技法、材料或者其他方面上有什么样的创新想法吗？创新后和传统的最大区别是什么呢？

（10）能给我们说说将传统工艺融入到现代服饰的这个过程吗？

（11）对于创新后的作品，老一辈可以接受吗？年轻人持什么态度呢？

（12）你对于传统技艺的传承有什么看法吗？是认为最大程度地传承传统技艺重要，还是与时俱进，结合时代的步伐对传统技艺进行创新更为重要？

3. 传承人的代表作品

了解传承人的代表作品及作品背后的文化寓意，注重对作品细节的理解，如图案、花纹、颜色的选择。同时注意对传承人作品进行拍照记录。具体提问如下：

（1）这些作品是怎么分类的呢？作品背后有什么文化寓意吗？

（2）有没有关于这些寓意背后的传说、故事或者是谚语？

（3）作品的图案、花纹、颜色的选择有什么讲究？

（4）你的代表作品是哪一幅？

（5）你的作品参加过比赛吗？获得了什么奖项？

（6）你在参赛的过程中，有发生什么令人难忘的故事吗？

4. 非物质文化遗产传习基地的经营情况

关注传承人传习基地的经营情况，了解该基地的规模、工人、收入以及背后的经营理念，尤其是要更多地关注基地运营过程中遇到的困难，以及政府为解决运营瓶颈而给予的优惠政策。在采访过程中，还需要对基地及周边的工作环境进行拍照记录。具体提问如下：

（1）你的传习基地是什么时候成立的?

（2）你为什么要成立这样一个基地?

（3）在成立基地的过程中遇到的最大困难是什么?

（4）这个基地现在有多少员工，主要是男性还是女性?

（5）他们的主要工作是什么? 员工的待遇如何?

（6）加入你的传习基地后，员工的生活发生了什么改变?

（7）你的产品主要分为什么类别?

（8）产品都是纯手工制作的吗?

（9）这些产品主要通过什么渠道进行销售? 主要顾客是哪些呢?

（10）你的作品有没有申请专利或商标?

（11）基地运营过程中遇见过什么问题? 当地政府有提供什么扶持政策吗?

（12）你认为当地政府出台的相关政策对基地经营有帮助吗?

（13）你希望当地政府出台什么政策来帮助基地更好地发展呢?

5. 非遗技艺的传承与发展

了解非遗技艺的传承情况，关注女性对这门手艺的继承情况，尤其是更多地关注女性在非遗传承与保护过程中做出的贡献。此外，还要关注技艺如何在未来取得更好的发展。具体提问如下：

（1）你打算把这门手艺传承给自己的孩子吗?

（2）目前有招收过徒弟吗?

（3）徒弟大多处在哪个年龄段呢?

（4）招收徒弟的标准是什么呢?

（5）学习这门手艺需要多长时间呢?

（6）徒弟学成后，一般从事什么工作?

（7）你认为传承人大多数为女性是什么原因呢?

（8）你希望男性加入到传承与保护的队伍中来吗?

（9）女性在传承与保护过程中起到了什么作用?

（10）她们在这一过程中取得了什么成绩？可以举例说明吗？

（11）除了招收徒弟，你认为还有什么更好的方法让技艺更好地传承下去？

（12）你觉得这门手艺往下传承容易吗？会遇到什么问题？

（13）你对于技艺的传承与保护有什么打算？

6. 传承人当下的感悟与对未来的期许

询问传承人当下对于这门手艺的理解，对社会转型的感悟，以及对未来生活的展望。具体提问如下：

（1）这门手艺对你来说意味着什么？

（2）你今后打算一直从事下去吗？

（3）工厂机器生产速度快、成本低，而手工产品生产速度慢、成本高，你认为手工产品会被机器生产取代吗？

（4）你认为当下年轻人为什么会对传统技艺提不起兴趣？

（5）未来如何让更多的年轻人参与非物质文化遗产的保护与传承呢？

二、其他人访谈

1. 家人

询问传承人家人对其保护和传承传统工艺的感受和看法。具体提问如下：

（1）当得知她决心要保护和传承该项非遗技艺的时候，你们表示支持还是反对？心情如何？

（2）对于她从事保护和传承该项非遗技艺，你们在这一方面对她的期望是什么？

（3）初开始创业的时候，她有遭遇哪些困难？最困难的时期是什么时候？后来困难如何解决？现在发展得如何？你们对此是否满意？

（4）妈妈现在是非物质文化遗产传承人了，有没有想过跟着妈妈一起学习该项传统技艺，长大后和妈妈一样做非物质文化遗产的传承人？

（5）你们对该项非遗技艺感兴趣吗？了解有多少？

（6）你在学习该项技艺的过程中，印象最深刻的事情是什么吗？

（7）妈妈给你们讲过关于该项技艺的故事、传说吗？能说给我们听听吗？

2. 师徒

（1）你是什么民族？家乡在哪里？

（2）你从什么时候认识了你的师傅呢？

（3）是什么样的契机让你下决心来学习该项技艺？

（4）目前为止学习了多长时间？最大的收获是什么？

（5）你们师徒之间有发生过什么令人难忘的故事吗？

（6）课堂上的师傅和课后的她一样吗？你们更喜欢课堂上的她还是课后的她？

（7）师傅是如何向你们传授织锦技艺的呢？

（8）她有和你们说过一些该技艺的故事或者她以前比较难忘的经历吗？

（9）初学该技艺的时候，你们觉得其中的难处在哪里？

（10）对于非物质文化遗产的保护与传承，你们觉得这其中的重要性是什么？

（11）家里面的人对于你们要学习这项技艺持怎样态度？

（12）培训班的一个学习周期有多长？

（13）有想过要参加相关的比赛吗？

3. 朋友

（1）你是什么民族的呢？家乡在哪里？

（2）你与她认识多长时间了？

（3）你和她相处下来，觉得她的性格是什么样的？

（4）你觉得她最大的优点是什么？

（5）你和她交往时，有发生过什么令人印象比较深刻的事情吗？

（6）你对该项技艺感兴趣吗？有什么样的看法？

（7）你对非物质文化遗产的保护与传承有着什么样的看法？

（8）对比过去，该项技艺得到一定的保护与传承，她为此做了哪些努力？